今日もいんてりあがぁる
インテリア・ガール

水上裕 著

さとうみほこ 絵

自分をとりまくインテリアをちょっとしたコツをつかんで変えていくことで、よいことがたくさんあります。「やる気スイッチがＯＮになる」「健康な身体になる」「心のムラがコントロールできるようになる」「美しい自分になる」「友人とうまくいく」「仕事が早くできるようになる」「運気が上がる」「お金が貯まる」「運命が変わる」など、決して大げさなことではなく、身の回りのインテリアと生活習慣は、あなたの人生を大きく左右しています。言い換えれば、インテリアを活用することで人生が変わります。

ひとつだけ試してみてください。それは、この本をインテリアアクセサリーとして手の届くところに置くことです。

手に取るごとに「気づき」「励まし」「能力を引きだす」、そんなインテリアの道具としてあなたの活力をつくりだすエッセンスをギュッと詰めました。インテリアとうまくつきあい、より快適で豊かな未来を生きていくための指南書となることを心から願い、この本をあなたに届けます。

目次

第一章 美しい自分になるためのインテリア入門

さっそくですが
本書を「役立つインテリア」
「ルームアクセサリー」として
活用していきましょう

1 「もやもやインテリア」の正体

日本人は一日の六四・二パーセントを家で過ごしているというデータがあります。でもこれは平日だけの話、土曜日は七〇・一パーセント、日曜日だと七三・二パーセントとなっています[注1]。

これだけ在宅時間が長いのですから、インテリアを上手に使いこなして暮らしを豊かにしていきたいものです。

「よくわからない」といわれるインテリアの世界、日頃女子大生が気になっているインテリアに関するもやもやについて、ちょっとだけ紹介します。

・部屋を広く見せるコツが知りたいです。
・インテリアって模様替えのことではないのですか。
・Webサイトでとっても素敵なイスを見つけました。すごく安いのですが、購入しても大丈夫でしょうか。
・お掃除が苦手なんですけど、何か問題はありますか。
・部屋の臭いが気になります、消臭剤は効きますか。
・素肌をきれいに見せるインテリアはありませんか。

・ダニがいるかどうかは、どうやってわかるのですか。
・いいお家の選び方を教えてください。

素朴な質問にあなたならどう答えますか？　客観的な正解を求める質問というよりも身近な疑問に答えるつもりで、あなた自身の考え、自分なりの回答を考えてから本文を読んでみてください。

「あっ、そうなんだぁ」と小さな気づきや発見を楽しむところからスタートしてみましょう。

注1　ＮＨＫ放送文化研究所『二〇一五年国民生活時間調査 報告書』二〇一六年二月
https://www.nhk.or.jp/bunken/research/yoron/pdf/20160217_1.pdf

Q1・部屋を広く見せるコツが知りたいです。

まにあわせる→間に合わせる

（27、46ページ）

A・ まずは床に座って周りを見渡してみましょう。イスではなく床に。壁に圧迫感があるのなら、高いところの重そうなものは下方へ、家具配置の秘けつは視線の広がりをつくることです。そもそも座るのが困難なら床を広くすることが一番。部屋の中で万能の利用価値があるのは床ですから、床の掃除をしやすくしましょう。あと一歩の達成感がほしいなら、見せたいものを限定して余計なものを外に出さなければ部屋はすっきりまとまり掃除も楽になります。仕上げは季節の花を生けましょう。花を生ける時には部屋を片づけるはずですから、花を生けるとその場がぱっと明るくなります。

Q2・インテリアって模様替えのことではないのですか？

貼ってはがせる壁紙です。

楽しくする？美しくする？

（50ページ）

A・

模様替えは、室内を装飾したり家具の配置を変えたりとインテリアのイメージチェンジすることで、とてもわかりやすいインテリアです。他にもインテリアには見えないものや見えにくいものがあって、一般には室内空間やその環境も含みます。ですから、家具・カーテン・室内アクセサリーを取り巻いている床・壁・窓・出入り口・天井、そして光・音・空気・熱・水などもインテリアの構成要素となります。

人が主と書いて「住む」と読みます。主があれば従もあるわけで、生物共生の場でもあり、否応なしに侵入する虫などもいます。さらに熱やにおいや二酸化炭素を発する自分自身が含まれることも忘れてはいけないインテリア構成要素です。

Q3・
Webサイトでとっても素敵なイスを見つけました。すごく安いのですが購入しても大丈夫でしょうか？

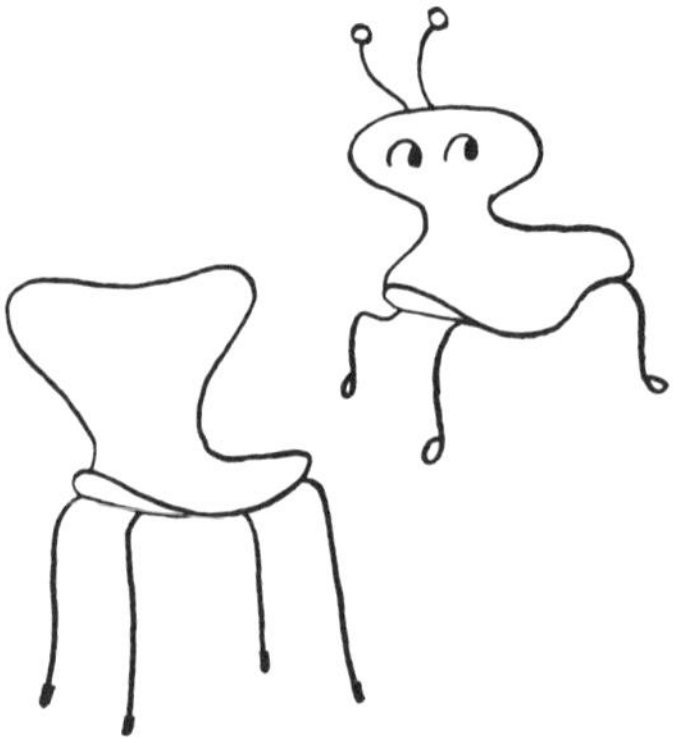

かたや6万円、かたや1万円、
画面ではそっくりに見えても…

同じわけないでしょっ

（62ページ）

A・

毎日使うイスなら座り心地や質感、そしてにおいなど実際に座って確かめるのが理想です。でも、目的が「心を豊かにする」とか「アクセサリー感覚」であればお気に入りを手に入れたり、リプロダクト商品という選択肢もあるでしょう。Webサイトでは目新しいデザインや素材の使い方が新鮮なデザインに出会うことができます。

でも、もし専門的な方向を目指すのであれば、迷うことなく需要の衰えない名作や本物を手に入れることをおすすめします。生活習慣として「受け手」ではなく「つくり手」として立ち向かう必要があり、使い込むほどに気づきや学びを深めることになります。

Q4・お掃除が苦手なんですけど、何か問題はありますか？

ちりも積もれば大発見

一番喜ぶのは○○ですね

（26、129ページ）

A・

掃除が苦手な人は約七二パーセント、得意な人は約二八パーセントというデータがあります[注2]。「なぁんだ、そうなのか」とあきらめないでください。これはWebアンケートで回答した女性七五九人の数値です。

おすすめは軽く一分以内のお掃除です。手始めに、水まわりである洗面所にさっとひと拭きタオルを置いておきましょう。気づいたときにさっとひと拭き、これで第一歩は十分です。もし雑巾が苦手なら綿でできた手袋を使って大切な物を撫でるだけでもOK。お掃除やメンテナンスはメリットがたくさんあります。汚れをため込まない生活習慣が理想です。どうにも腰が重いときは、自分にご褒美を用意してまずは動き出すところからでもいいでしょう。時には心のお掃除で気持ちを軽くしましょう。

注2 リビングくらしHOW研究所 二〇一四年一月三〇日〜二月二日 リビング新聞公式ウェブサイト「リビングWeb」WEBアンケート

Q5. 部屋の臭いが気になります。消臭剤は効きますか？

取り扱い注意を

無視するタイプ

（86ページ）

A. 緊急事態でもなく、何となく鼻につく臭いであれば、窓を開けて空気を入れ換えるのがおすすめです。臭いは空気中を漂う微粒子です。わたしたちが普段、無臭といってはいても、本人の体臭、衣服、周囲からの臭いに順応した状態です。ぬいぐるみにスプレー式消臭剤をかければ、臭気成分を封じ込めて臭いを感じなくさせることはできますが、臭い物質が消えたわけではありませんので、定期的に洗濯などで洗い落とす必要があります。

洗濯物の室内干しの場合は雑菌が悪さをして、いやな臭いがついてしまいます。室内干しが避けられない場合は、洗濯物をなるべく空気に触れるよう吊るし、扇風機を弱で首振りにして効率よく空気を動かしましょう。

Q6・素肌をきれいに見せるインテリアはありませんか？

ミラーリング
鏡をピカピカにしたら
あまり気にしなくて
いいんじゃないの？

鏡よ鏡！

（106ページ）

A・

素肌がきれいに見えないインテリアをご存じですか。仕事を終えて帰るときの電車の中です。夜の車内では真上から光が差し、壁からの反射光が少ないため顔に暗がりができます。光の当たる角度によって見え方やその印象は変わりますので、鏡を見るときやスナップ写真を撮るときは、顔が明るくなっていることがポイントです。毎日使う洗面所がやや暗かったり顔に影ができる場合は、スタンドライトで調光する方法があります。

たとえば、結婚式の会場は統一感が強調され、落ち着いたまとまりのあるインテリアとなっています。そこでは、白いテーブルクロスや明るい食器に光を落として、上下からあなたの顔を柔らかく照らし、よりきれいに見える演出がなされています。

Q7・ダニがいるかどうかは、どうやってわかるのですか？

ダニとダニのようなヤツは、
どこにでもいるからあまり気にしないで
（33ページ）

A・

人の生活する場所にはどこにでも生息するといわれるチリダニは成虫で〇・三〜〇・五ミリメートル、肉眼ではほこりにしか見えません。このチリダニは人を刺したり感染症を媒介することはないので、過敏になる必要はありません。ただし、ダニの糞や死骸はきわめて小さく、アレルギー症状（気管支喘息、鼻炎、アトピー性皮膚炎）を起こす人もいますので、室内に風を通したりこまめな掃除をすることが大切です。コナダニ（食品害虫）もあまり過敏になる必要はありませんが、粉のような大量発生は避けたいので、カビの生えない環境に努めましょう。一方、ツメダニは成虫で〇・六ミリメートル、チリダニ、コナダニ、チャタテムシをエサにして人を刺しますので、こちらは予防が大事です。畳の上でのカーペット使用は避けるのが無難です。

Q8・いいお家の選び方を教えてください。

どこに建っているか

で価値が決まります

（52、156ページ）

A・

「災害は備えのないところにやってくる」と考えて、まずは立地の安全（災害・地盤）、そして安心（治安・社会環境）、さらに安住（健康・誰とどう過ごす）が優先事項です。部屋の広さは家族構成や置かれた状況で大きく異なります。東日本大震災の一時的住まいとして国が判断した最小の基本単位は五・四×五・四メートルで約三〇平方メートル（一八畳相当）でした。その中に台所、浴室、トイレが納められています。ある程度の利便性が満たされたなかで、今日もいろいろあったけど、明日はがんばろうとスタートを切れる、そんな暮らしを支えるのがよい家ではないでしょうか。

2　生き生き度アップのインテリア

あなたが生き生きするのはどんなときですか？

何か欲しいものを手に入れたとき、好きな人と会話がはずむとき、何かに夢中で取り組んでいるとき、コンサートやスポーツ観戦、旅で思いがけないものに出会ったとき、おいしい料理をいただくとき、まさか寝ているとき？

インテリアは気持ちのスイッチを切り替えて自信を取り戻したり、心を癒し気持ちの波をうまくコントロールする場でもあります。まずは目標を「家にいるのが楽しくなるインテリア」としましょう。

インテリアコーディネートを始めるにあたり「思い入れの深い物かお宝をひとつ決め、それに合わせて部屋全体をコーディネートしていく」といった手法があります。お宝がいくつもある人はそのなかの一つをしぼりこみ、何かを購入する時も、それに合う合わないを意識して選択する方法です。

一方、心ときめく物に囲まれた居心地のいいインテリアの段階を通り越し、物があふれて困っているといった人もいると思います。

あふれた物を処分するというのがなかなか難しいものですよね。保存か廃棄かあるいは保留かが悩ましいところでしょう。でも大丈夫、次の座標を使えば、保存・廃

棄・リサイクルのどれにするのがいいのかはっきりします。

ちょっとやってみましょう。

あなたの身のまわりの大きい物、場所をとっていると思う物などをこの座標の中に三品ほどマーキングをして小さくその品名を書き込んでください。

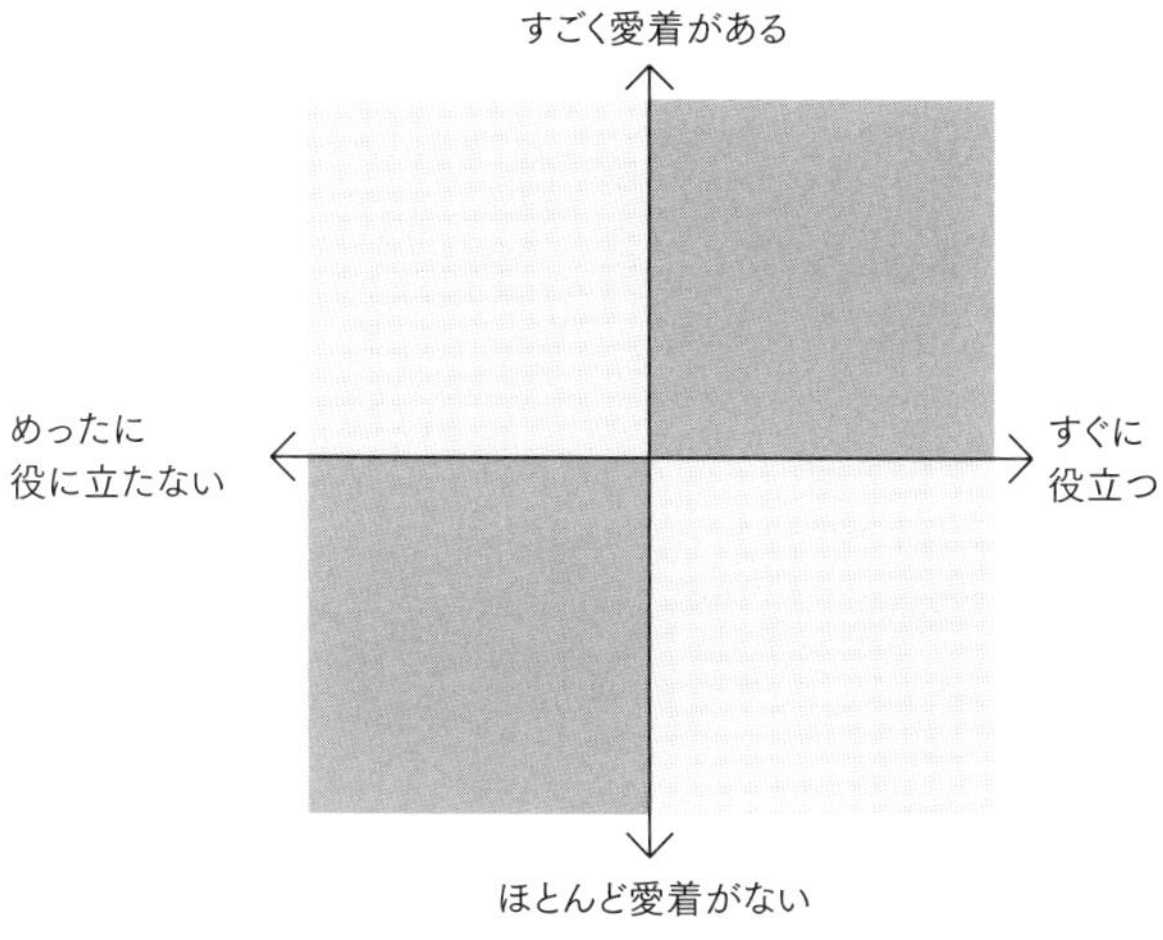

すごく愛着がある
めったに
役に立たない
すぐに
役立つ
ほとんど愛着がない

でき上がったら、次はそれらの物が三か月後には座標のどちらに移動するか、矢印でそれぞれの品の移動を明示してください。

三か月もすれば、季節も変わって気持ちにも変化が訪れています。

もう一度見直して修正をかけてください。

さて、できあがったところで次の座標をみてください。

すごく愛着があってすぐにでも役立つなら何の問題もありません。愛着系のものとして保存、決められたポジションが与えられます。

役立つけれど別に愛着もないのであれば他の人に使ってもらいましょう。循環系としてリサイクルを目指します。

特に役立つでもなく愛着もなければ廃棄の対象です。ただ持っているだけだから捨ててしまおうと思われがちですが、アイデア次第でうまく用途変更できるチャンスでもあります。ここでひと工夫、用途変更ができれば話題も広がり会話も豊かになります。

物の処分が苦手なら

「保存or廃棄」を見分ける基準

下の図を参考にして
大人の整理整頓を
目指しましょう!

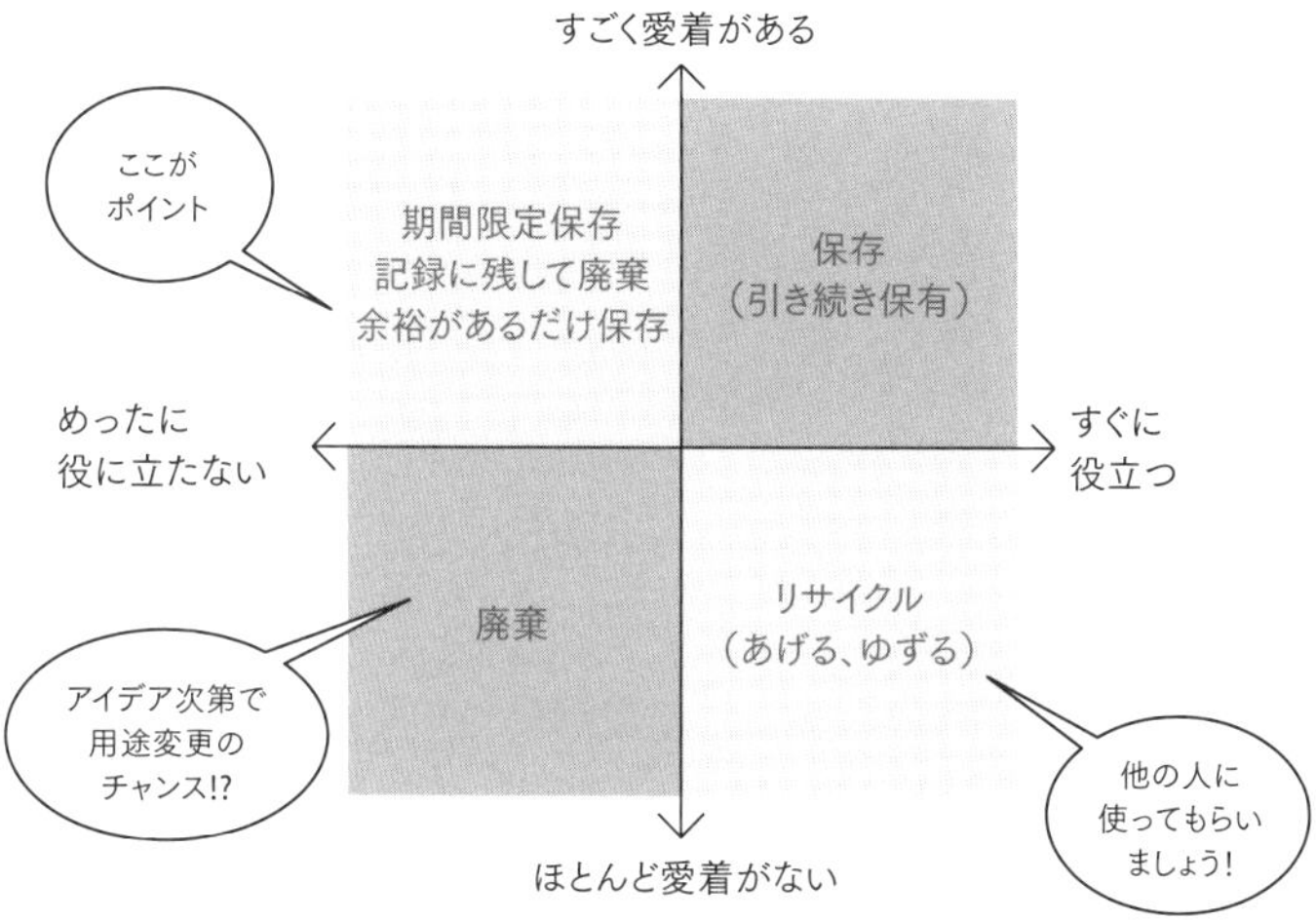

一方、すごく愛着があると思い込んでいるもので特に役立つでもないものが大荷物になりがちです。ついつい心の支えとして役立っていると擁護してしまうかもしてませんね。無意識にいろんなものがたまっていくということもあるでしょう。それらは、判断に迷うのは当然です。まずは、三か月保存箱や一年使わなかったら処分など、自分なりのルールを決めて実行してみましょう。実行するためにはしっかりと手帳に書き込み、いつまでに行うのか日付を入れることが大事です。

大人の整理整頓を目指し、買い物を楽しむときも、収納や入れ替えも考えて選びたいものです。

写真集やネット画像でインテリアを見るときに気をつけたいのは、一方的な受け身状態とならないこと。自分の軸となる「どんな暮らしがしたいのか」や「自分好みのキーワード」を持って楽しむことが大切です。プロの演出したインテリア空間には解説もついていますので注意深く読んでみましょう。目のつけどころは「どんな人がどういう暮らしをしているのか」、例えば子育て中なのか独り暮らしなのか、自然満喫派なのか都心派なのかなど、一枚の写真や図面から暮らし方を想像するのも楽しいものです。そうすることで、写真や図面は見るものではなく読み解くものとして視点が変わっていきます。

自分好みをアップ（近寄る）とルーズ（広い範囲を見る）で点検しましょう

「イチダイジ」

大事なものは
箱につめて…
ワクワク
大事なもの
大事なものは
軽々使うわけにもいかないし…
大切なものは
長持ちさせたい…
アラ? 気が付けば
愛着がな〜い
ゴミに化けてるぅ
?
大事なもの

3　ゾーニングとポジショニング

あなたのお部屋のいいところ、自慢は何ですか？

多少不満を感じていても「自分のお宝コーナーはちょっと満足しています」と言えるのがいいですね。話題が広がってコミュニケーションに弾みがつきます。

部屋の大きさを簡単に変えるわけにはいきませんが、部屋の使い方や色、家具などは自由に気軽に変えることができます。

お部屋をうまく使いこなす基本がゾーニングです。ゾーニングとは区分けすること。まずは物の置き場所（ポジション）を決めるのではなく、大きなジャンルとしてわけてゾーン（区分）分けをすることです。

たとえば、ベッドのあるくつろぎコーナー、オシャレを装うコーナー、趣味のコーナー、心安らぐディスプレーコーナー(小物の演出)、ぬいぐるみコーナー(カゴに戻す)、いつも使う物コーナーなど、要は大きなくくりとしての場所決めです。

その上で物のポジションを決めていくことになります。

部屋の使い方のキホン

部屋を上手く使いこなすポイントは3つ!

1. ゾーニングをする
2. 床が見える範囲を広くする
3. 目の高さよりも高いところにはなるべく物を置かない

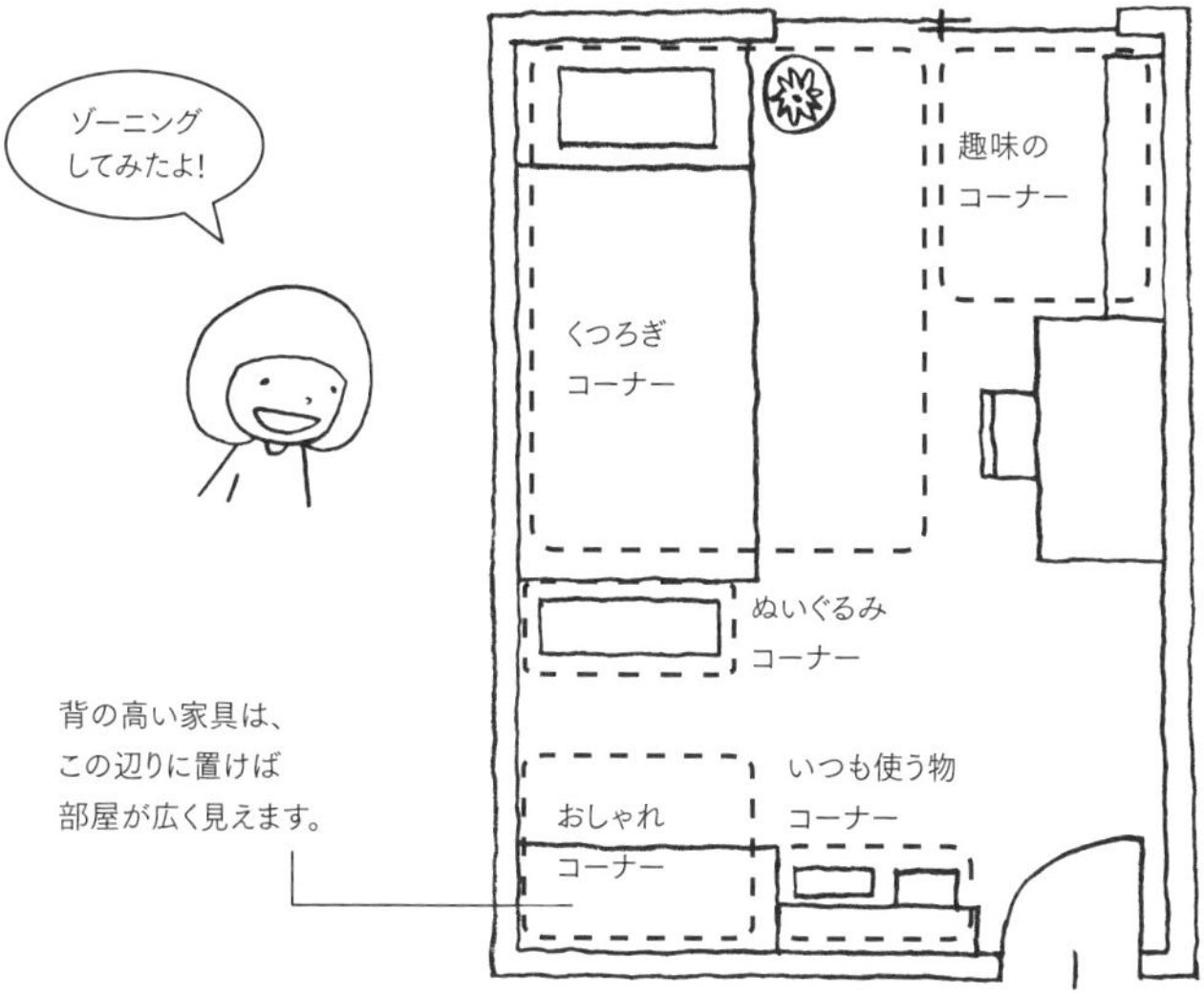
ゾーニングしてみたよ!
趣味のコーナー
くつろぎコーナー
ぬいぐるみコーナー
背の高い家具は、この辺りに置けば部屋が広く見えます。
いつも使う物コーナー
おしゃれコーナー

のこちゃんの部屋

使ったものは元の場所に戻す、使ったものは次の行動の時に使いやすくしておく、そんな生活習慣が理想です。

そうはいっても、そもそも床が埋もれていてはそれどころではありません。もしや足の踏み場がない状態ですか？

部屋の中で、万能の利用価値があるところといえば床です。寝ても座っても物を置くにも活用度ナンバーワン。人も歩けば虫も歩きます。髪も落ちるし、ちりも積もります。まずは掃除をしやすくしておくこと。ですから第一段階は床を広くすることです。

床に置いてあるものは、収納したり整頓して浮かせるようにします。

もう一段階進めるのであれば、目の高さよりも高いところにはなるべく物を置かないようにしましょう。すでに重いものがあるならなるべく棚の下の方へ移動してください。部屋全体の圧迫感をなくすだけでなく、地震対策の基本でもあります。大地震がくると揺れ方

床を広くするんですって。
紙袋に入れた物や本がいっぱいだ…。

によっては部屋中の物が押し出されて飛んできますので、重いものは高いところに置かないのが原則です。

一方、色彩や演出技で部屋を広く見せることもできます。

「見かけの軽さ」といって、明るい色は軽そうに見え、暗い色ほど重く見える傾向があります。つまり、薄い水色は紺色よりも軽く見えるということです。まずは見かけよりも安全・安心優先を心がけましょう。

部屋を広く見せたい場合、部屋に入った瞬間の視線に広がりをつくることがポイントです。部屋に入った視線の先には家具は置かないか、あるいは低く抑えます。背の高い物や背の高い家具を視野から外し入り口付近に配置すれば部屋は広く見えます。ただし、地震で出入り口が塞がれたらたいへんですので、地震対策として、家具の固定などを行いましょう。

部屋には狭いなりの使い方、広いなりの使い方があります。

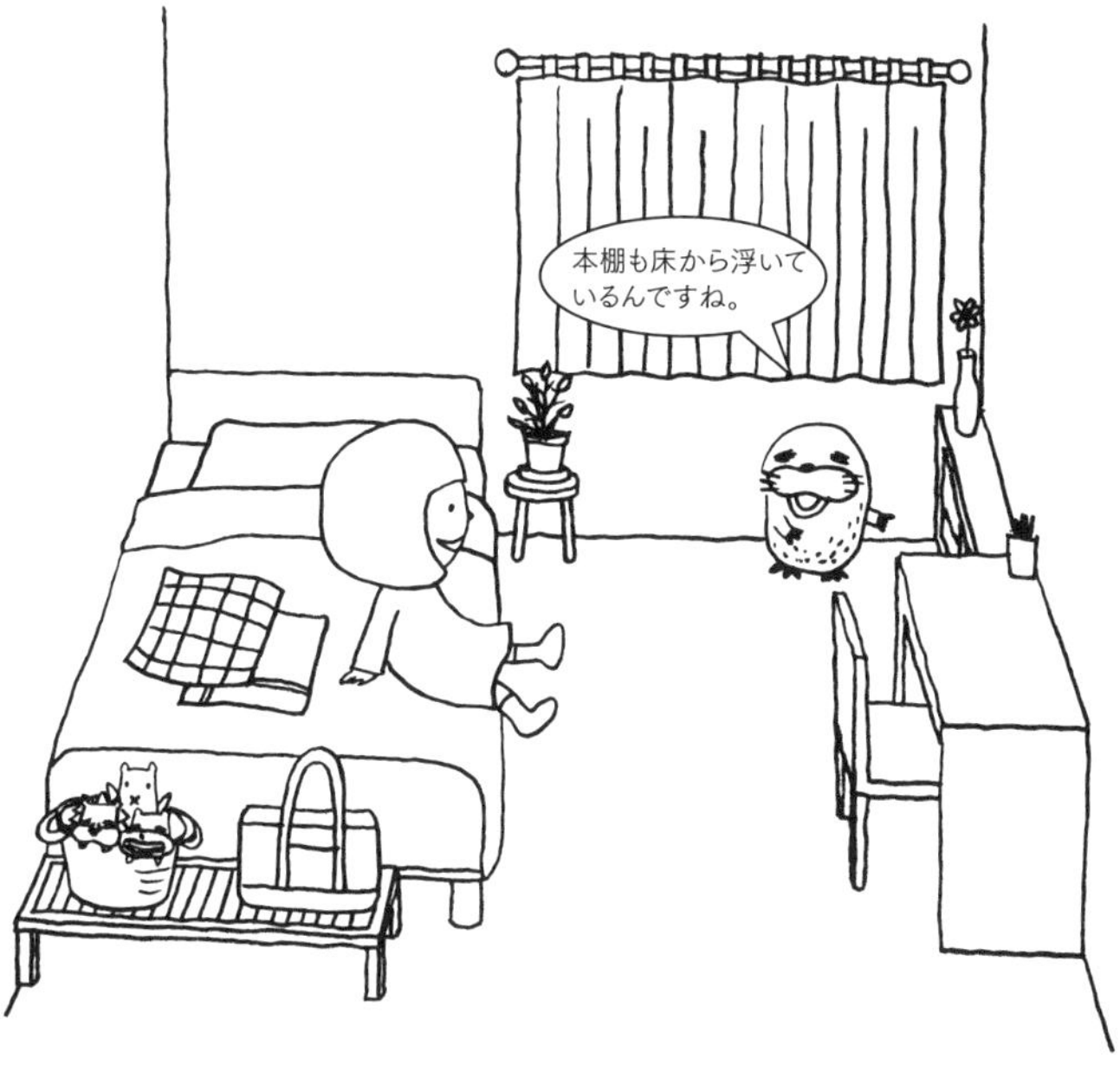

座ったり寝たりするだけなら畳三枚分のスペースがあれば十分でしょう。江戸庶民が住んだ平屋アパートでは六畳分のスペースの中に、独り暮らしの人から一家三人くらいまでの人たちが暮らしていたそうです。その六畳のうち、一畳半は土間といって立って作業をする場所でした。その土間には煮炊きをするかまどや木製の流し、井戸で汲んできた水を入れる瓶などが置かれていますので、実質的な部屋の部分は四畳半ということになります。四畳半の中にタンスが置かれ、布団がたたまれてあるわけですから自ずと暮らし方には工夫が必要となります。

武士の住宅形式を引き継いだ「和風」と呼ばれる伝統的な木造住宅では、床座といって室内ではイスではなく床に座っていました。

床に座れば視線が低いので部屋の広がりが違って見えます。窓の取り付け位置も低く、天井も低い造りでした。壁は建具で仕切られ、開けば広々空間になり、外に面する壁は特に化粧せず、建築材料そのものが表面仕上げとなっていました。

押入れは何を入れてたのかって？

それは今の暮らしの話、長屋には押し入れはなかったんです。さて、あなたのおばあちゃんやお母さんの若い頃の暮らしはどんな様子だったのでしょうか。時代背景までさかのぼってみることで自分の価値観に変化が起こるかもしれません。一度ルーツを尋ねてみましょう。

4　窓の活用

窓を開けるなんてめったにないという人がいます。季節にもよるでしょうが、一年を通して開ける必要がないと考える人もいるようです。ちょっとそんな人の声に耳を傾けてみましょう。

「春と秋は花粉症なので窓は開けられません。夏は窓から熱が入ってくるし、冬は窓から冷気が入ります。なんたって防犯上は開く必要なんてないと思います。換気は換気扇と出入り口を開放するので問題ないと思っています。私の部屋の窓はほとんど開け閉めせず、窓はカーテンで隠しています。」

地下室のような扱いですね。さて、ここで問題です。

窓は本当に開け閉めする必要があるのでしょうか?

コンピューター室や図書館の窓は開け閉めしているとは思えませんし、オフィスだって開かずの窓ということもけっしてめずらしいことではありません。

窓を開け閉めしないことに対するデメリットを挙げて反論できますか？窓は個々の性能や方位によっても取り扱いは変わりますが、共通事項も沢山あります。何がすごくてどう違うのか、あらためて点検してみましょう。

ざっと窓の特徴を挙げてみると、「日中は光を取り入れる」「夜間は室内の光が漏れる（人がいるサインとなる）」「開放によって虫やほこりが入る」「風をコントロールできる」「熱を入れたり断ったりできる」「インテリアの視線を誘う」「外を眺めることができる（外から覗かれる）」「防犯性能を高めることができる」「遮音性能を備えている」「建物の外観デザインの一部となっている」など、遠い昔の人から見れば先端技術の結晶です。

何を通し、何を遮るか、弱点をどうカバーして快適に過ごすのか、そこに性能の違いはあるものの使う人の工夫とコントロールが必要です。メリットとデメリットを理解して上手に使いこなしましょう。

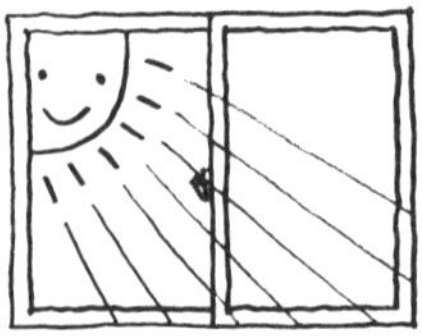

日中は光を取り入れる

夜間は室内の光が漏れる

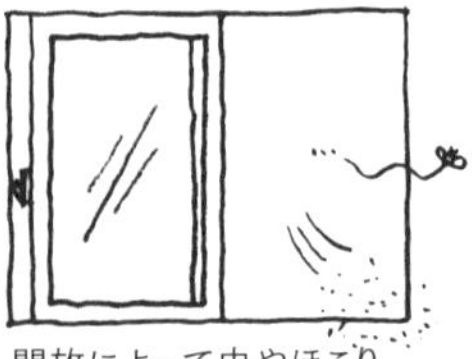

開放によって虫やほこり
が入る

風をコントロールできる

熱を入れたり断ったり
できる

インテリアの視線を誘う

外を眺めることができる

防犯性能を高めることが
できる

遮音性能を備えている

●窓の性能いろいろ

いまどきの住宅はすきま風の入らない気密性の高いつくりになっています。そこに自分自身が発熱源となって部屋を暖め、安静時にも汗をかいて体を冷却しています。絶え間なく呼吸をしては二酸化炭素もはき出し、時には頭を掻いて髪の毛やふけをおとすこともあるでしょう。

人の生活する場所にはどこにでもいるといわれるチリダニは成虫で〇・三〜〇・五ミリメートル、肉眼ではほこりにしか見えません。このチリダニは人を刺したり感染症を媒介することはありませんので過敏になる必要はありませんが、ダニの糞や死骸はきわめて小さく、アレルギー症状（気管支喘息、鼻炎、アトピー性皮膚炎）を起こす人もいますので、室内に風を通したりこまめな掃除をすることが大切です。

さらに、狭い部屋ともなれば、持ち込んだ化学物質で室内の空気汚染は避けられません。そこで、開けやすい窓があって自分センサーが働いていれば、必要に応じて開けたくなるのが自然だと思いませんか。

図書館や窓を開けないオフィス空間は広々としており、空調設備といって空気を取り込んで吐き出す機械を備え、空気を調整しています。

住宅における空気汚染対策の第一は適当な換気を行うこと、次に空気を汚す物を持ち込まないことです。

窓を上手に使いこなしていないとしたらもったいないことです。窓まわりを整頓して開け閉めしやすくしておきましょう。その上で窓まわりを演出して部屋のセンスアップを目指しましょう。部屋を飾るといえば窓辺に花や植物を飾ったり、レースのカフェカーテンを使う方法もあります。

外からの視線コントロールに関しては、雨戸やシャッターを閉めることで窓は壁に変わります。お部屋を真っ暗にしてぐっすり眠りたいとか、台風に備えるには強力な味方です。リフォームで後から取り付けることも可能です。

まずは窓を味方につけるよう窓枠やガラスを撫でる、そんな窓拭きからはじめませんか。視線が窓の外にいくこと、窓から外の景色を楽しむことは、一番の目の保養です。

●窓ふきのコツ

雑巾、古新聞紙少々、手袋の三点セットを準備し、かたく絞った雑巾でガラスの大きな汚れを拭き取ります。ガラスの面積が大きい場合、雑巾のきれいな面が不足しますので雑巾を二枚用意します。
ガラスには小さな水滴が残りますのでそれらを新聞紙を使って磨きをかけます。

そうするとガラスはピッカピカ、新聞紙の油膜がしばらくの間汚れを寄せ付けません、もちろんマイクロファイバークロスでもOKです。達成感間違いなし。
ちょっと試してみてください。

5　ウィンドウ・トリートメント

窓から庭を眺めることは目の保養にもってこいです。ベランダがあるなら外に植物を置くのもいいですね。視線を外部に誘導することにもなります。

あなたは窓の、性能をしっかり引き出してうまく使いこなしていますか？

ガラスを透明の壁と見立てれば、外からは丸見えですので安心してくつろぐためにカーテンやブラインドを使っていることでしょう。

ウィンドウ・トリートメントとは、窓まわりを整えたり窓装飾品を組み合わせて楽しむことです。

まずは、カーテンとブラインドの特徴を考えてみましょう。

カーテンは横方向に開け閉めして陽の光や熱を調整したり人目を遮るとともに、室内側の雰囲気を演出する垂れ幕でもあります。縦方向に移動するのはローマンシェードです。いずれにしても一般的に布製品が多く、色やデザインが自由で、ベッドカバーやクッションとの組合せで部屋全体のイメージを演出することができます。

柄のついたカーテンでしたら他の布製品と一色だけ色合わせをしたり同系色でま

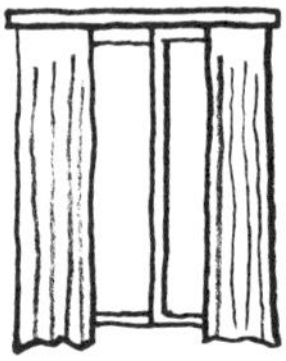
カーテン

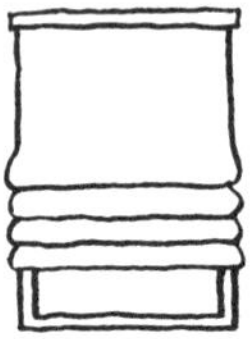
ローマンシェード

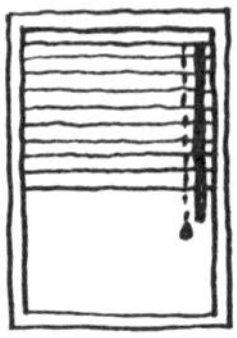
ブラインド

縦型ブラインド

とめたりと布を中心にコーディネートを楽しむことができます。

窓の下が壁となっている腰窓のカーテン丈は、窓下一五〜二〇センチメートルが一般的ですが、カーテンを足下まで伸ばしてインテリアの顔としてオシャレに演出する方法があります。カーテンの裾はウエイトテープ仕様にすることで布の折り返しが無くヒダを美しく見せることができます。

カーテンは軽いのでサイズを大きくすることもできます。色や柄、そして質感が部屋の雰囲気をふわっと変えることになります。

ブラインドは羽根を回転することによって調光がお手軽ですので、従来はオフィスを中心に使われてきたものですが、色や材質そしてお手頃価格になったこともあって、住宅でも幅広く使われるようになりました。カーテンレールにブラインドを取り付けることができる製品もあり、カーテンとの併用でインテリアを楽しんでいるケースもあります。

光だけでなく視線のコントロールにも便利で、見上げ・見下ろしの視線コントロールであれば横型ブラインド（ベネシャンブラインド）を、歩く人からの視線や横方向の視線をコントロールしたければ縦型ブラインド（バーチカルブラインド）を用います。

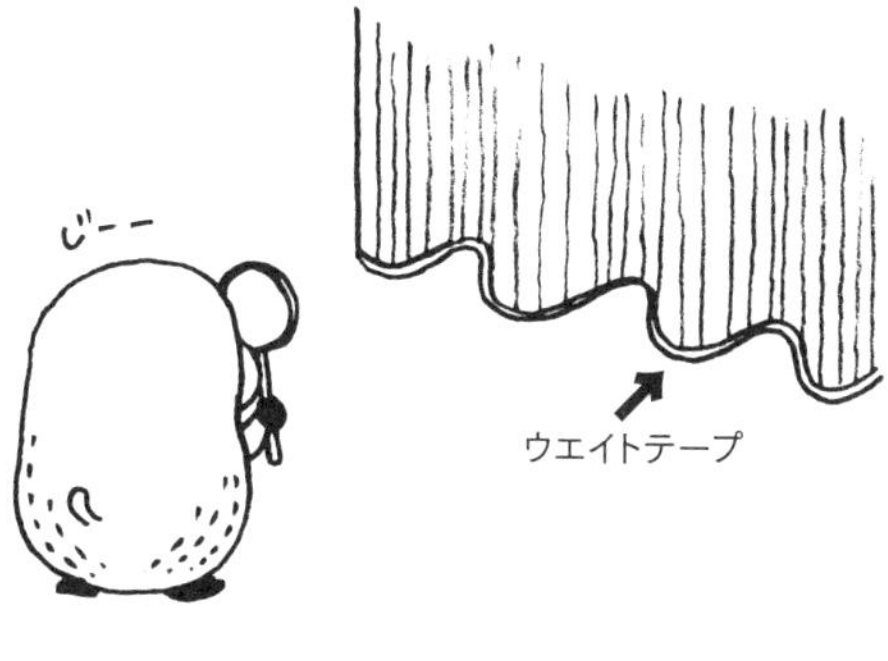

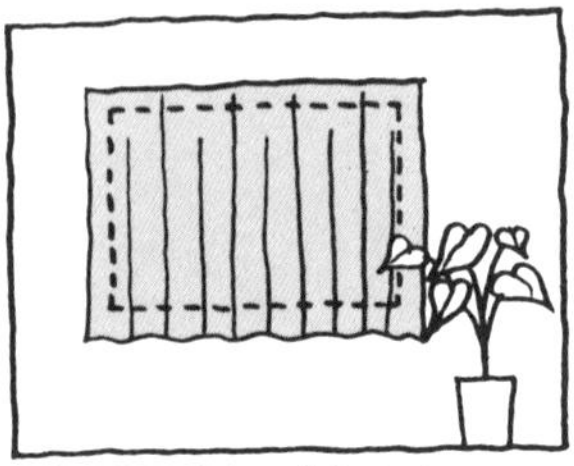

窓の幅・高さに合わせて
ちょうどよいサイズです。

窓の幅に合わせて
床までおろしてみましょう。

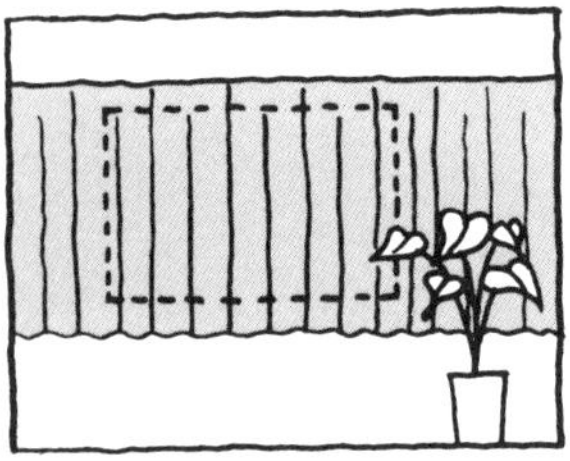

窓の高さで、壁面の幅いっぱいまで覆ってみます。

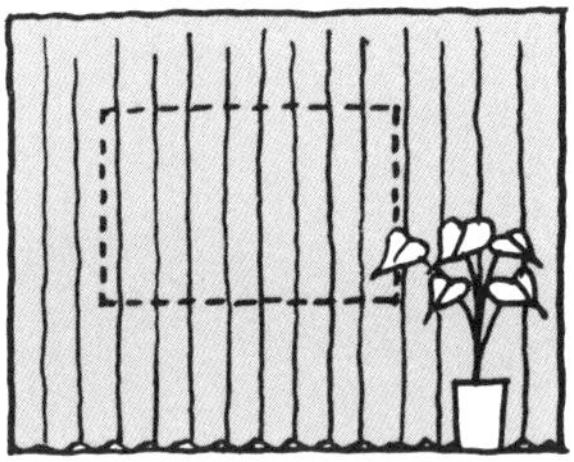

壁面全体を覆うと部屋が広い感じになります。

カーテンの色や模様だけでなく
サイズも変えてみましょう!

●ブラインドは、光と視線をコントロールします

歩く人からの視線や、横方向の視線、
そして低い光をコントロールするには、
“縦型ブラインド（バーチカルブラインド）”
が便利です

見上げ・見下ろしの視線コントロールには
“横型ブラインド（ベネシャンブラインド）” が便利です

横型ブラインドでは庭に集まる小鳥に警戒心を与えにくくなるため餌付けもしやすくなります。また、ブラインドは表裏の色違いを選択することもできます。窓面をフラットな壁と見立てて、壁にはタペストリーや手ぬぐいなどのテキスタイルを飾って、好みの演出を施す方法もあります。

海外のインテリア紹介を見るとウィンドウ・トリートメントは欠かせません。窓辺に植木鉢をのせる棚があったり広い出窓があったり、そして窓まわりにびっしりと植物や雑貨、思い出の品を置いたりしています。そもそも部屋の広さや天井の高さ、そして窓の形も異なっていることが多いので、そっくりまねするわけにはいかないですが、参考にしたいものです。

日本は地震国ですからまずその備えがあり、四季折々の変化を楽しむ文化が日本人の生活スタイルをつくっています。和紙を使って光を柔らかく取り込んだり、その季節や土地に特有の花を飾るなど、風流や簡素のなかに侘びを楽しむ生活習慣も残っています。節句やお正月などは四季折々の行事をテーマにした飾り付けの代表です。飾ったものが生き生きして見えるかどうかが演出のポイントとなります。

夏は高温高湿、冬は低温低湿、年間降水量が多く、風対策や地域に合わせた自然

災害への備えも必要というなかでの生活習慣が暮らしの型となり、生活を彩る工夫やプロセスが暮らしの形となっています。

棒をひねると羽根が一斉に開くので表裏の色替えもできて便利ですね。

6　ディスプレイとアクセント

自分の部屋に入った瞬間、「心の切り替えスイッチ」はオンになりますか？　「気持ちの前向きスイッチ」はどこにありますか？

好きなものを飾って眺めることで気持ちのスイッチの切り替えができることがあります。そんな心の切り替えコーナーをつくっておきましょう。

ポイントは、部屋全体ではなくメリハリのあるゾーニングをした上で、限られたスペースを飾ることです。

住まいのインテリアは生活するための限られた小空間ですので、色を整えるだけで片付いたように見えたり、色の使い方によって気持ちや行動が前向きになったりすることもあります。雑誌に掲載されている美しい室内写真では、フォーカルポイントといって、空間全体の中で目線をあるポイントに誘導して部屋の全体イメージを引き締めたり印象づけたりする手法が用いられます。

狭い部屋でのフォーカルポイントはなかなか難しいので、おすすめは自分好みのディスプレイプロジェクトです。プライベートな部屋でのわがまま最優先の演

出を考えてみましょう。そうはいっても、コレクションすべてを並べるのではなく、テーマを設定して選抜制にしたり、棚の上にきれいな色の紙を敷いてのせてみたり、インパクトのあるコーナーを演出します。

飾り棚に良い素材を美しくレイアウトして、光の加減を調整することで美しい写真や楽しい写真を撮ることができるようになります。何となくさびしい印象の壁があるなら、ボードやワイヤーメッシュを下地にカードや思い出の写真、雑誌の切り抜きを飾ったり、ウォールステッカーやモビールを吊すことで部屋にアクセントをつけることができます。

手の届くところにひもを張って小物や実用品を飾ったり、思いきって布をポスターのように飾る方法もあります。布は小物の下に敷いたり、棚を覆ったり、収納かごに被せたり、クッションカバーにしたりと大活躍、好きな柄を見つけるのも楽しいものです。

本棚の本が詰め込みすぎでしたら、無理にでも余白をつくってみましょう。生き生きと心に残る本だけを残し、魅力的な表紙は見えるようにディスプレイすることで、すぐ手に取れるようにもなり、本の用途も広がります。

本の表紙を見せるだけで
本棚がパッと明るくなるね。

キャンドル・お香・アロマ
目と鼻と心にはたらきかける
仕掛けです

カゴ
カジュアル感が魅力、どんなものでも
相性がよくなじみます

陶磁器
丈夫で長持ち、安心感があります

テキスタイル
敷く、掛ける、貼るなど、変化を楽し
むならこれが一番

木製の小物
やわらかく優しい雰囲気を演出する
のに便利です

樹脂プラスチック小物
鮮やかな色彩を楽しめます

プリザーブドフラワー
水を取り替えることなく花の美しさ
を長期間楽しめます

アートフラワー（造花）
パッとゴージャスに飾りましょう

自分好みのディスプレイアイテムを見つけよう!

「飾るモノの色・形・素材を生かしましょう」

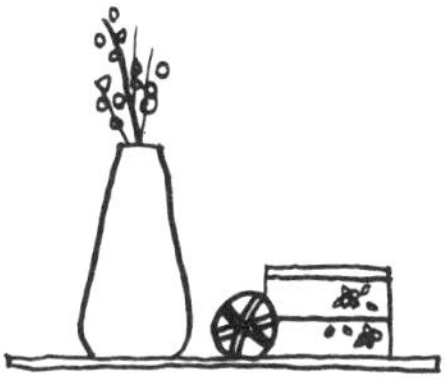

漆器
木や紙にうるしを塗ったものは長持ちします。和風を演出するにも最適です

ガラス小物
存在感、緊張感、清潔感があります

メタル小物
クールなイメージ、丈夫で安心感があります

写真
心の拠り所ですね

花・グリーン
育てる楽しみがあり、リラックス効果も得られます

ドライフラワー
手軽に自然の風合いを楽しめます

いろいろなものを飾るなら、まずはゾーンを決めましょう。ディスプレイゾーンです。出窓、小テーブル、ショーケースを中心にコレクションアイテムや植物を飾ります。

飾りの手法として、自分ならではの「ブリコラージュ」をつくるという方法もあります。それは、身近なものに手を加えたり、手持ちの素材に工夫をこらして自分好みをつくりだす方法です。たとえば、古いオブジェをアレンジして花瓶にして花を飾るなんていかがでしょうか。

さらに達成感が欲しいなら、季節の花を生けましょう。花を生ける時には多少なりとも部屋を片づけることになると思いますので、花を生けることでその場がぱっと華やぎます。鉢植えや水耕栽培であれば、時間をかけて変化を楽しむこともできます。

飾りすぎたり完結した状態を目指さず、二割のゆとりは設けたいところです。余白がアレンジや更新のための伸びしろとなります。

自分好みのディスプレイアイテムを見つけよう!

「テーマを設定してみましょう」

テーマを設定してコレクションから選抜制にしたり、きれいな色の紙の上にのせてみたり、テーマに“色”を設定するなど、インパクトの大きいコーナーを演出してみましょう。

小物の収納は必要なものが簡単に見つけられるように、手持ちの箱に装飾や名札シールを添えて新しい小箱に変身させてはいかがでしょうか。装飾が美しい小箱があるのなら用途変更してみることでも気分が変わります。お宝を出し惜しみすることはありませんが、出しっぱなしでは刺激度が落ちますので、出し入れするその行為とメリハリがポイントです。出した瞬間に鮮度が上がり、気分転換の仕掛けとなります。気持ちが前向きになる、作業意欲が湧くなど、次の行動がいい方向へ向かうようにテーマを絞ってディスプレイやポジション決めをしてみましょう。

作業机があるなら、作業効率を上げるために天板は広く使いたいものです。机に横たわる本や書類があればまずは立てる、すぐには使わない物はポジションをきちんと決めて配置・収納します。要は「あなたにとって」次なる作業や行動がスムーズに行えるか。「物と空間」にもメリハリをつけて活躍させ、生き生きした場をつくりあげましょう。

収納は次に使うための休憩所…
収納してディスプレイするんですね。

ダイニングテーブルが快適なのは
広い机の状態だからですね。

7　インテリアをリセット

あなたのお部屋にあるものをぜーんぶ捨ててしまったら何が残るでしょうか？
床には何も置いてなくて、壁には窓と出入り口があるだけ……。
ちょっと見回して想像してみましょう。

それは、ひとり暮らしの始まりの状態、引越し前の空き部屋状態と同じです。インテリアとはその内部空間を構成するものです。具体的には、床、壁、天井、窓、出入口、家具、家電、色の組み合わせなどの目に見えるインテリア、そして、空気、温度、湿度、におい、音、光など、目に見えないインテリア、さらに、ほこり、虫、素材、設備、構造など普段はなかなか見えにくいインテリアで成り立っています。

実は、インテリアのなかで一番見えにくいのが自分自身です。
人がいれば二酸化炭素を排出し、熱源となります。汗もかけば髪の毛も落ちるし、無意識にほこりや花粉を持ち込み、食べかすを落とすこともあります。気の持ちようにだってむらがあります。暮らす人の健康や快適性を考えたとき、まずは空気の通りをよくしてできるだけ床を広く空け、掃除をしやすくしておくことが大切だと

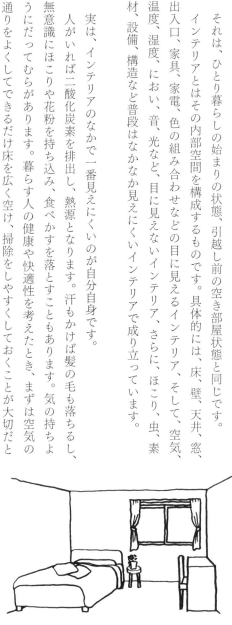

いうことを念頭に置きましょう。

その上で、インテリアの第一歩はゾーニングでしたね。くつろぎコーナー、集中作業コーナーなど大きくゾーン分けをして図面上で寸法の確認をします。家具や家電は大きいものから配置するのが基本ですが、そもそも必要かどうかの見極めが先決となります。友達が集まるならプライベートゾーンとパブリックゾーンは分けたいところでしょう。

部屋に入った瞬間の視線に広がりをつくるために、部屋の奥には背の高い家具は置かない、あるいは低く抑えます。

もし、狭いと感じられるのであれば、思いきって床座にしてみませんか。今、イスに座っているのであれば、床に座ってまわりを見渡してみてください。ほらっ、天井が高くなって空間に広がりが出たでしょう。

あとは自分好みのお宝一点に合うか合わないか、あるいはテーマやテーマカラーに合わせてインテリアイメージをつくっていきます。どれだけ考え抜いたとしても完璧はありませんので、柔軟な心で前向きに自分スタイルを見つけていきましょう。

もし、本当に引越しをするとなれば、最優先に確認すべきことがあります。それは、見知らぬ土地で暮らすことになるのですから、そもそも安全な場所なのか、周辺状況や建物はどうなのかを点検することです。日本はそもそも地理的条件、気候的条件から自然災害の多発国です。地形によって災害は異なりますが、高い土地で湿気が少なく、排水もよく地盤が強固であること、風水害や高潮の恐れがなく土砂の崩壊や崖崩れの危険がないことが基本です。そのためには、浸水想定区域図、洪水ハザードマップ、内水(浸水)ハザードマップ、防災マップ、土砂災害危険箇所マップなどは最低限確認しておくべきでしょう。

さらに社会的環境が自分の暮らしに適しているか、治安や騒音、そして周辺に工場や危険物の取り扱いがないかどうかも忘れてはいけません。地震対策や避難通路の確保、そして防犯対策や地域コミュニティも大切です。

どうしても、家賃や広さそして利便性ばかりを優先しがちですが、安全・安心・安住そして健康に対する心構えも鍛えていきましょう。

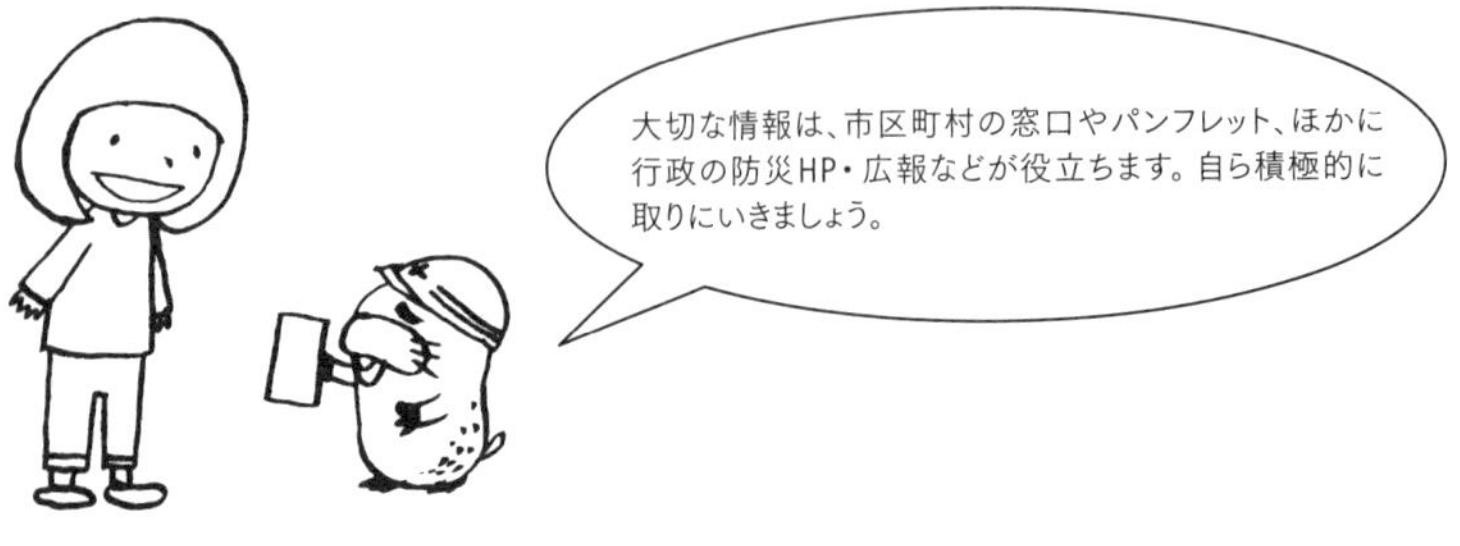
大切な情報は、市区町村の窓口やパンフレット、ほかに行政の防災HP・広報などが役立ちます。自ら積極的に取りにいきましょう。

住環境の欠かせない条件

住む場所選びのチェックポイント!

住む場所選びは地域を見据えて足下を点検しましょう

【健康的で安全な場所とは…】

- □ 新鮮な空気と豊富な太陽光が得られること
- □ 冬季に寒風を防ぎ、夏季に涼風が得られること
- □ 高い土地で、湿気が少なく、かつ排水がよいこと
- □ 地下水位が一定であること
- □ 地盤が強固であること
- □ 風水害、高潮などの災害のおそれがないこと
- □ 土砂の崩壊や崖崩れの危険がないこと

【社会環境の優れた住宅地とは…】

- □ 人や車の往来が少なく、騒音もない静かな場所であること
- □ 工場や危険物を取り扱う施設が近くにないこと
- □ 風紀上好ましくない施設が近くにないこと
- □ 上下水道、電気、ガスなどの都市施設が完備していること
- □ 役所、郵便局、病院などの公共施設が近くにあること
- □ 通勤、通学、買い物などの日常生活に便利なこと
- □ 道路が整備されていること

命を守るために 知っておきたいこと

【気候・風土に関してのキホン】

地形(山地、丘陵地、台地、低地)によって災害(地震、津波、火山、水害)は異なります。日本は年間降水量が多い国です。
自分の住む地域の特徴を知って自然災害に遭わないよう普段から備えましょう。

【防災に関して検索しておきたいキーワード】

ハザードマップ、防災マップ、地域防災拠点、風水害、土砂災害、地震対策、ナウキャスト

【他にも知っておきたいキーワード】

地震、雷、台風、風速、風力、洪水、大雪、寒波、日照り塩害、自助、共助、公助、減災など

【公害も避けましょう】

騒音、悪臭、大気汚染、水質汚濁、振動、地盤沈下、土壌汚染など

降雨強度とは1時間あたりに降る雨の量のことです。
15分間に10mmの雨が降れば降雨強度は40mm、2時間で60mmなら降雨強度は30mmとなります。報道では1時間降水量と24時間降水量と表現することもあるので注意が必要です。
都市水害(ゲリラ的・局地的な集中豪雨)は40mm/hが危険な雨量のラインですので、地下空間は特に注意が必要です。まずは停電に備えましょう。
1日の雨量が200mmを超えると激しい洪水で水害が発生する可能性もあります。

雨の音がよく聞こえるようになり、
あちらこちらに水たまりができるようになる
降雨強度は10mm/h程度が目安

雨音で話がよく聞き取れない、
あたり一面に水たまりができている
降雨強度は20mm/h程度が目安

バケツをひっくり返したような激しい雨、
寝ている人の半数が雨に気づく
避難態勢に入る
40mm/hを超えるような雨

1日の雨量が200mmを超えると、
場所によっては激しい洪水や崖崩れの危険

8　家電・家具の見方・選び方

家電（家庭用電気製品）と言えば、思いつくものは何でしょうか、どんなものを使っていますか？

ひとり暮らしの際に必要となるのは電子レンジ、洗濯機、冷蔵庫といったところでしょうか。

日常的に使っているものでは消費電力が一〇〇〇ワットを超えるものが少なくありません。ちょっと点検しておきましょう。調べてみると、ヘアードライヤー、ホットプレート、電子レンジ、アイロン、温水洗浄便座（使用時）などは数値が高いことがわかります。

消費電力の少ないものでは、リビング用天井埋込型換気扇なら二〜三ワットの消費電力ですので二四時間つけていても二円程度、浴室換気扇は性能によるのですが入浴後から朝まで八時間使用しても一円弱です。ＬＥＤ電球も消費電力が小さいことがわかります。一方、エアコンの省エネ化はどんどん向上していますが、消費電力で扇風機と比較すれば一〇倍以上の開きがあります。

消費電力の大きいものは短時間の使用、あるいは節約を心がけ、逆にリビングや浴室の換気は健康上有効ですので賢く使いましょう。

所有するために支払うのがイニシャルコスト（買って据え付けるまで）、それを使い続けることで必要となるお金がランニングコスト（電気代、清掃・メンテナンス、寿命を延ばす）です。

いずれにしても電気がないと使えない、あるいは情報家電なら維持するための費用がかかるわけですから、維持管理費は外せませんね。また、価格を相場平均より二割下げると、性能やデザインよりも価格の重要度が一〇ポイント上がります。二割引セールでつい買ってしまったとか、安易に選んでしまうことのないよう注意が必要です。

それから、ものはいつか必ず壊れるということを忘れてはいけません。古い製品を使う場合、経年劣化による事故とならないよう、定期的に点検し、いつもとは違う音や臭いが発生したら修理のサインです。メーカーに相談しましょう。

選択にあたり、評価のポイントはいろいろあるものの、機能・品質、維持管理、信頼・安心の優先度を高くしたいものです。一方、家電は完成度の高い製品もあれば試作品の段階と思われるような製品もありますので、使用価値を見据えつつ、生活を刺激し、活力を生み出す源となるものを選択しましょう。

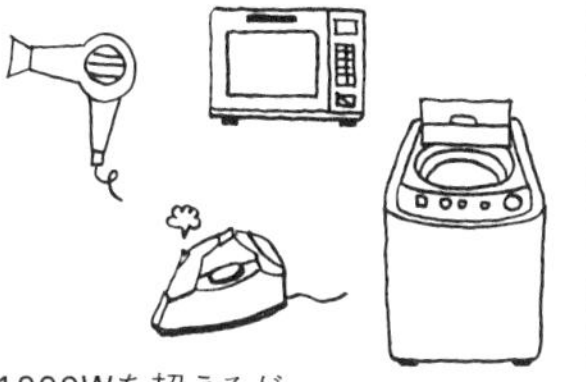

1000Wを超えるが
短時間だけ使用するもの

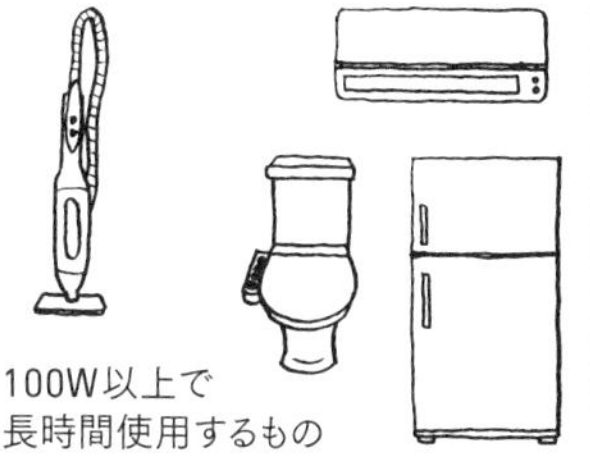

100W以上で
長時間使用するもの

必要に迫られて安価に手に入れたものもあれば、ちょっとこだわって良いものを手に入れた経験もあるでしょう。使いやすさやデザイン、コストパフォーマンスなどひとつひとつ吟味をして選んだものには愛着が湧くものです。

選択して決定をするという行為の絶好の機会であり、問題解決の力もつきますので、手間ひまをかけることには大きなメリットがあります。

たとえば、扇風機も進化を続けています。省エネ扇風機は微風時の消費電力は数ワットで静かです。体の熱を冷ますだけでなく、室内空気のよどみをなくし風をつくり出します。室内干しを避けられない季節には洗濯物を乾かすなど一年中使えます。室内干しの場合、洗濯機の脱水時間を標準時間よりも三分ほど長く設定してみましょう。そうそう、くれぐれも扇風機のメンテナンスはお忘れなく。ファンのホコリは風で吹き落とされることはありません。ファンに付いたホコリは季節ごとの手入れが必要となります。

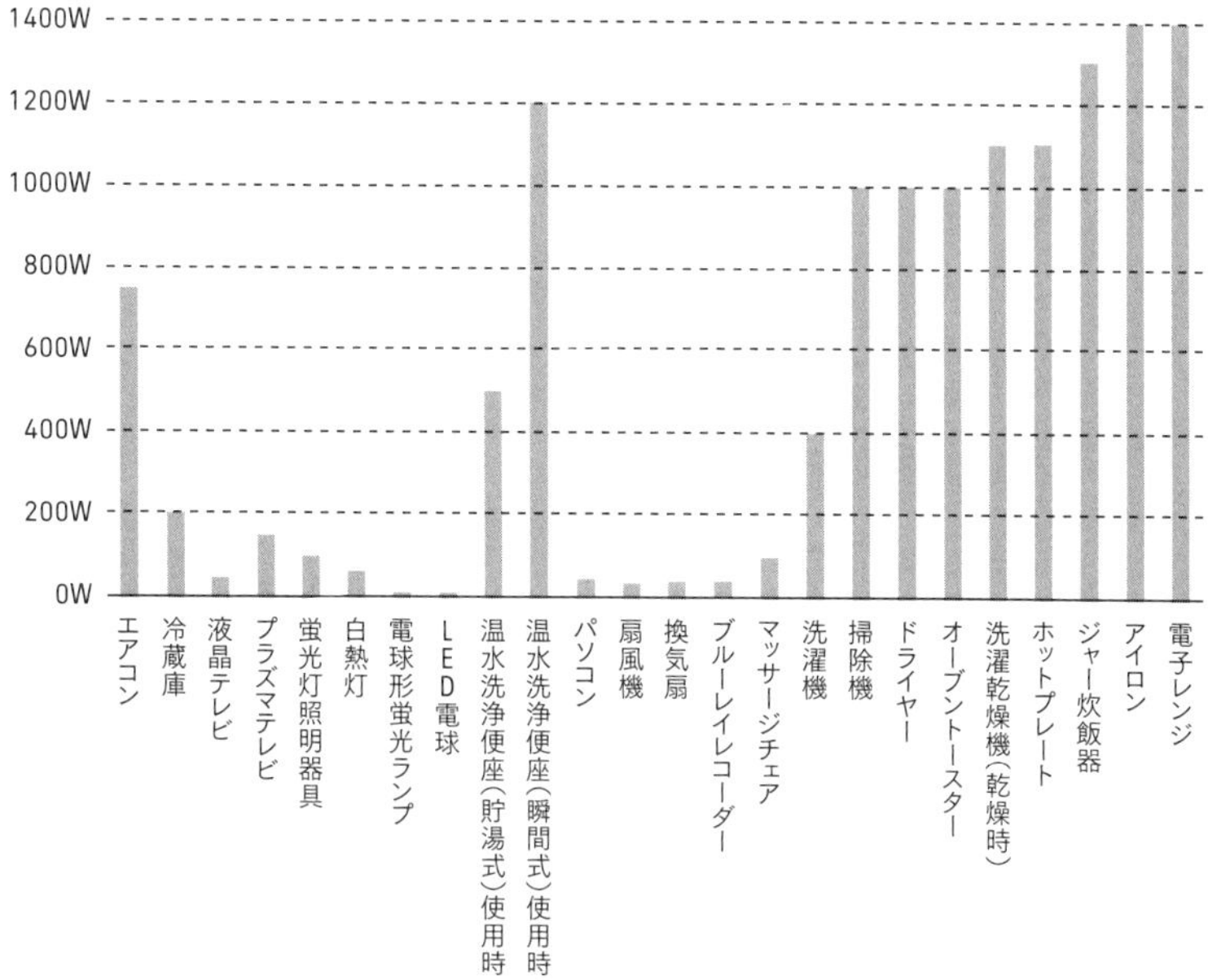

●家庭で使用する主な電気製品の定格消費電力
資源エネルギー庁データより作成

※これは定格消費電力の一例であり、実際の消費電力は、製品の種類、使用方法などにより異なります。
定格消費電力：その電気製品の機能を最大限使用した場合に消費する電力量のこと

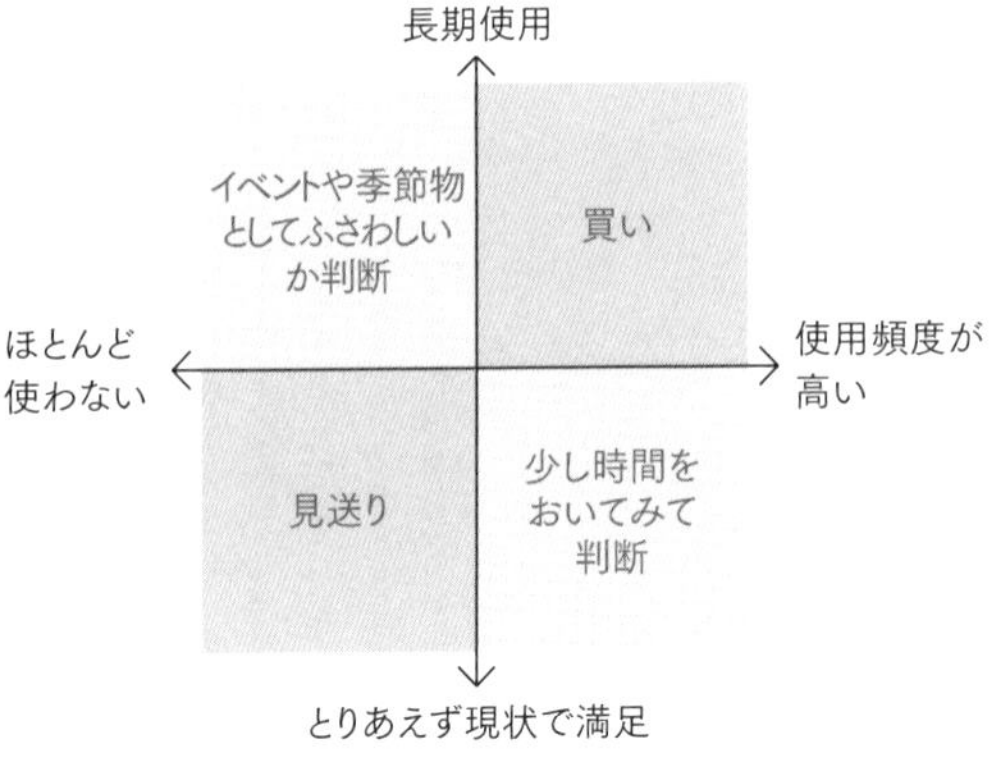
長期使用
イベントや季節物としてふさわしいか判断
買い
ほとんど使わない
使用頻度が高い
見送り
少し時間をおいてみて判断
とりあえず現状で満足

〈お買い物バブルを判断するモノサシ〉

家電選びのチェックポイント

いつ、どこで、誰が
どのくらいの期間、
どのように使うのか。

必要度・活用度

どんな選択肢があって
機能はどう違うのか。

性能・機能・品質

何年間使用するのか。
費用はどうか。

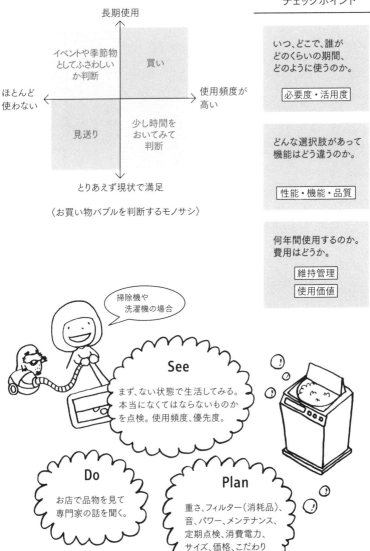

維持管理

使用価値

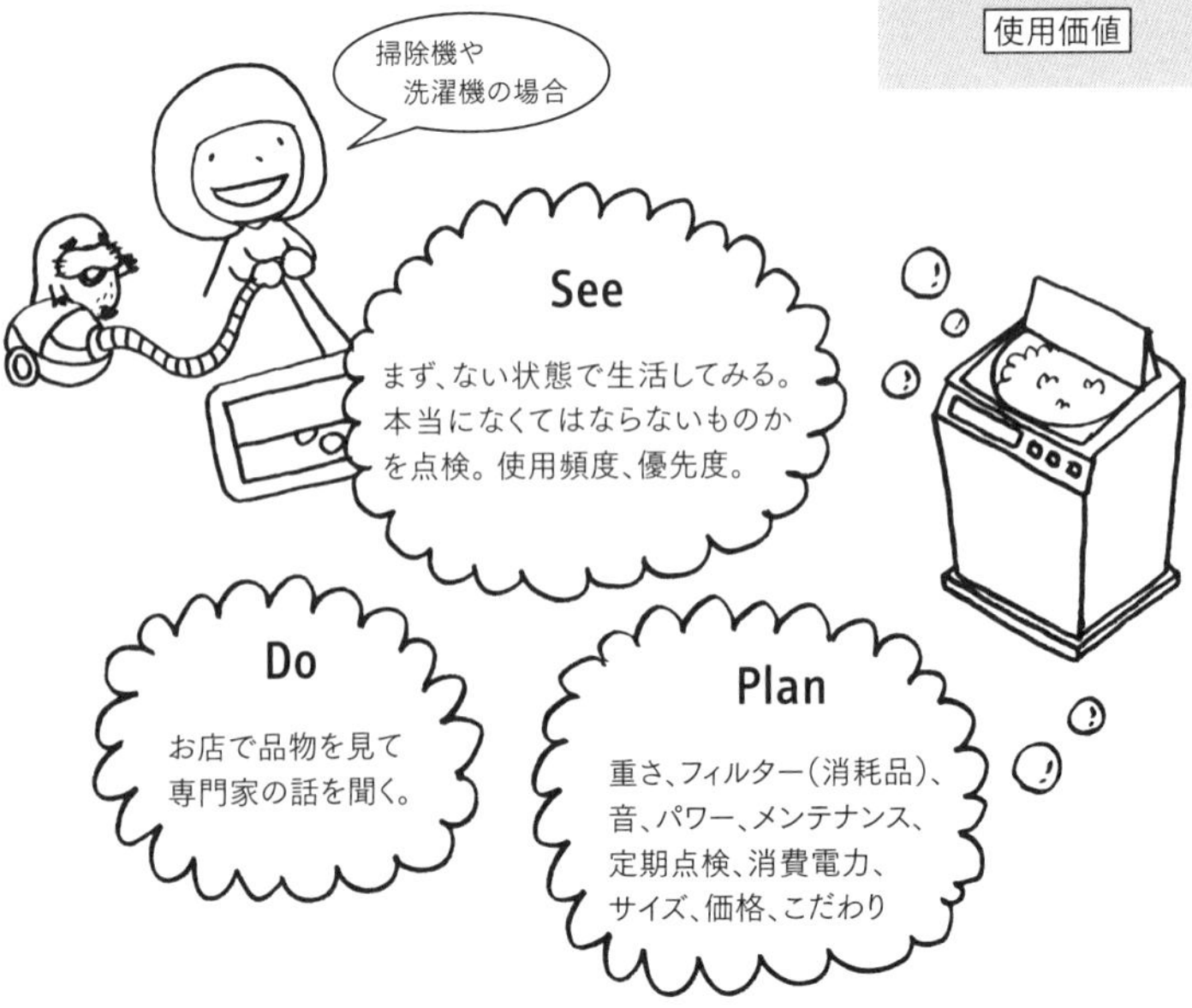
掃除機や洗濯機の場合
See
まず、ない状態で生活してみる。本当になくてはならないものかを点検。使用頻度、優先度。
Do
お店で品物を見て専門家の話を聞く。
Plan
重さ、フィルター（消耗品）、音、パワー、メンテナンス、定期点検、消費電力、サイズ、価格、こだわり

「イッソーカレー」

何食べてるの?
イッソースープですよ。(冷蔵庫一掃スープ)
何食べてるの? イッソーってなぁに?
イッソーカレーです。(冷蔵庫一掃カレー)
何食べてるんですか?
イッソーチャーハン! (冷蔵庫一掃チャーハン)
ぐぅ〜…

冷蔵庫内も有効活用しなくちゃね!

あなたにとって家具といえば何でしょうか？

衣装タンス、本棚、戸棚、食器棚、下駄箱、イス、机、テーブル、座卓、ベッド、ドレッサー、パーティション……。

一度手に入れれば長く使うものばかりです。一般には結婚を機に買い換えが進むようです。


民間の新生活準備調査によれば、新生活にあたって新たに購入したインテリア・家具のアイテム別購入率は、「カーテン類」が八三パーセントで最も高く、次いで「収納ボックス」が六四パーセント、「自分たち用の布団」が六〇パーセントで続きます。以下、食器棚、ダイニング家具、AVボード、自分たち用の枕、ソファ、ベッド、整理ダンスとなっています。[注3]

買い換え時に一番気になるのは「安い家具でも大丈夫なの？」という疑問ではないでしょうか。

実物を見て説明を受けて購入するのでしたら間違いがないのですが、Webサイトでの購入の場合、においや質感、安心感にリスクがあります。実店舗があって所在地、連絡先が明確であること、メーカー名が記載されていること、製品保証やサポートがきちんと行われていること（初期不良時の対応、返品可であること、アフター

サービスがあること）は最低限おさえる必要があります。

家具のなかでも選択肢がたくさんあるのがイスです。お気に入りの一品に出会うヒントをちょっと紹介します。

イスを選ぶ時のチェック事項といえば、使い心地（座り心地）、価格、サイズ、デザイン・色・雰囲気、構造・素材、便利な機能、ブランド、メンテナンスのしやすさ、長く使える・アフターサービス。もっとありますね。移動させるのかしないのか、重さ・スタッキング（積み重ね）ができる……、さて、あなたはどれを優先しますか。

自分のイスというのは使用頻度が高い割に買い換える機会が少ないものですから、実物に座ってみて決めることが一番のおすすめです。「名作椅子」とＷｅｂ検索してみればいろいろな美しいイスがでてきます。さて名作椅子とは何でしょうか？

美術館に展示されたり、設置されているものだけが名作とは限りません。

前例がないデザインで人々に衝撃を与え、多少の改良を加えながら長く愛され続

注3　リクルートマーケティングパートナーズ ブライダル事業本部 ブライダル総研『ゼクシィ新生活準備調査2013』p84

Yチェア

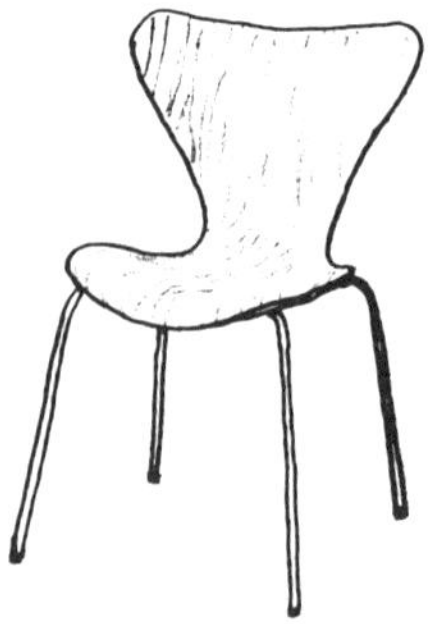

セブンチェア

イームズシェルチェア

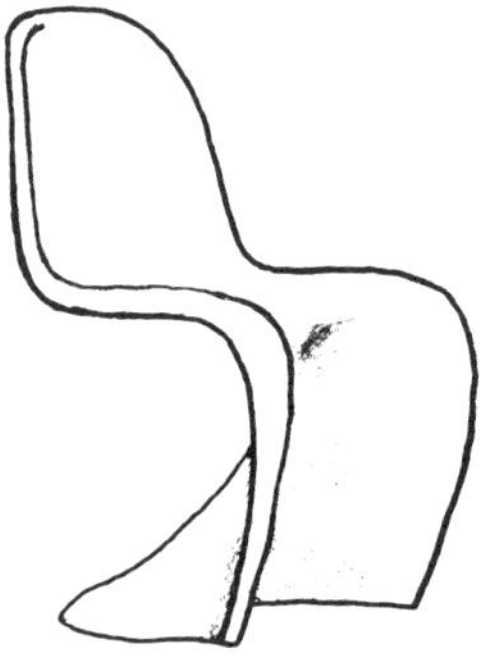

パントンチェア

トムバック

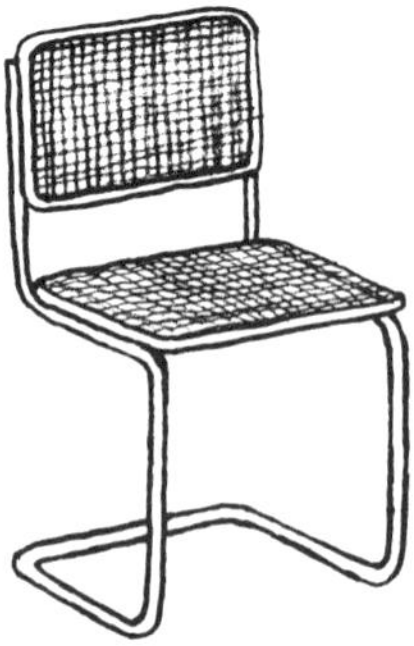

チェスカチェア

トリップトラップ

ける一品が本当の名作ではないでしょうか。名作椅子は身近に使われていることもあれば、そっくりさんもたくさん出回っています。版権の切れたデザインがリプロダクト商品(レプリカ)として破格値で販売されています。あまりに価格差があるのでその値段についつられてしまいそうになるでしょう。でも、正規品は熟練工によるもので人件費や素材が高く、つくりが丁寧でアフターサービスもしっかりしており、長く使い続けることができます。一方、リプロダクト製品は効率良く大量生産して売り切る商品が出回っているのでそれなりにリスクがあります。初期不良時の対応、返品可で製品保証があること、そのショップ名で検索をして良くない書き込みがないことは最低限調べるべきです。

また、時代とともに新しい素材が開発され、それに合わせた新作も発表されていますので、需要がないものは生産されなくなります。

時代、状況にあったものを自分の目で確かめて座ってみる、そうすることで思い入れも深まります。座ったときの印象、安定感、座面や背もたれのフィット感……室内で使うのですから靴を脱いで試すことをお忘れなく。

高齢者が使用する椅子を選ぶ場合は、より慎重な配慮が必要です。

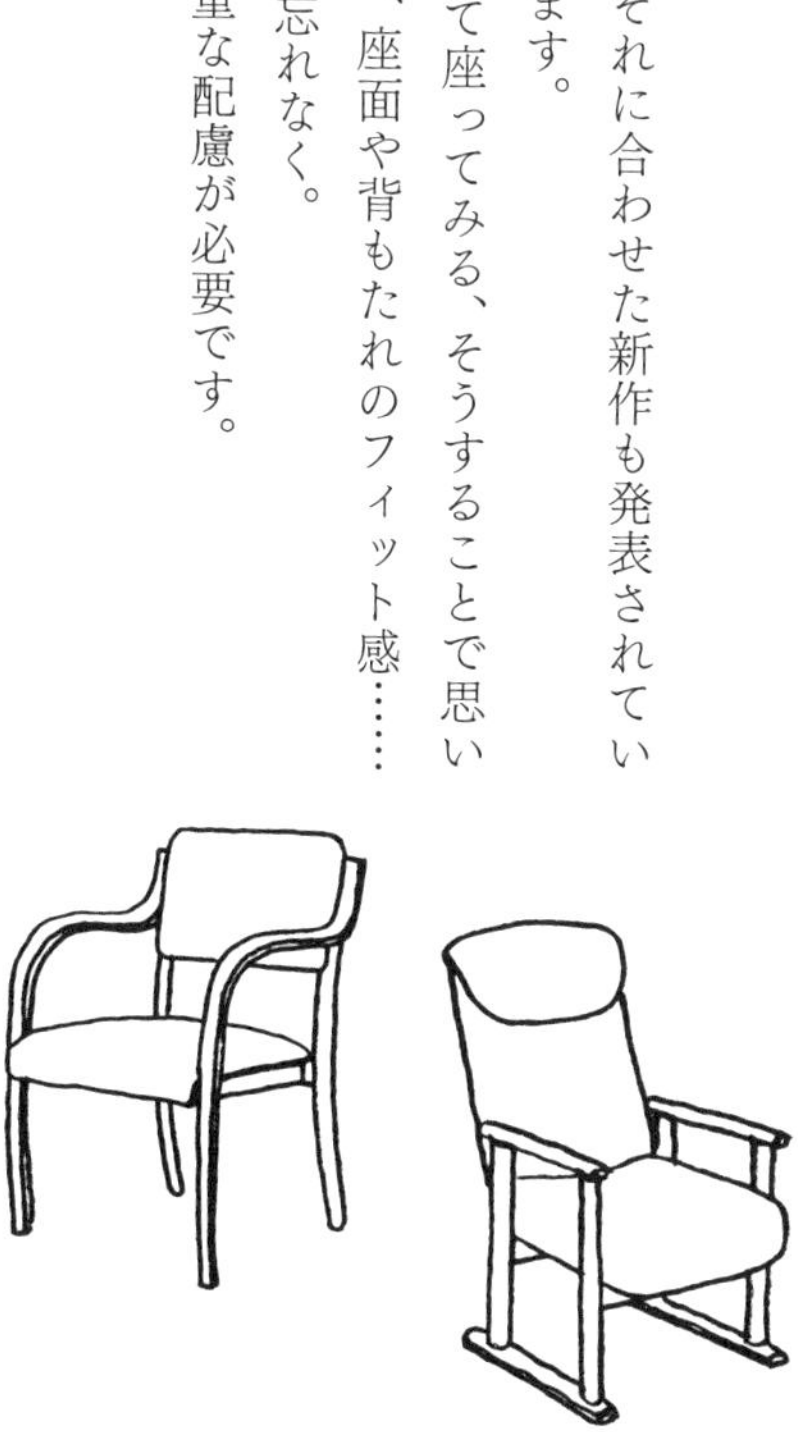

高齢者に適したイスの判断基準

座面の高さ・座り心地・安定性
サイズ・肘掛け・背板
縁や角が滑らか・立ち上がりやすさ
掃除のしやすさ・耐久性など

机やテーブルを選ぶ時も同じようにチェック事項と優先事項を決めて選びましょう。持ち運ぶのであれば折りたたみで軽いものが適していますが、安全を考えればワイングラスのような脚の丸テーブルは軽いと不安定です。やはりお店に足を運んで自分の眼で実物を見て考えるのがいいですね。目安となる寸法の控えをお忘れなく。

では、「本当に良い」といわれるものはどのようなものでしょうか。

考え方や世代によって変化はしますが、いきつくところは飽きがこないデザインで、長期にわたって使用できることを保証している、品質保証だけでなくメンテナンスがしっかりしている、修理を重ねながら永く使い込むことができるということではないでしょうか。そんな本物の価値を求めると、その結果が一流品だったということになります。

「こだわり」が毎日の生活を豊かにすることもあれば、あれこれ「変化を楽しむ」ことも必要です。ものとのつきあい方が暮らし方や人柄に映し出されます。

飾り物の寿命を左右するのは、物理的な耐久性よりもむしろ役目を終えた場合が多いものです。部屋の中で無視された状態や存在が忘れ去られて沈殿化したもの、時代に合わなくなったり、陳腐化してしまうと捨てられる運命にあります。でも捨てる前にもう一度よく見て他の使い道を考えることも暮らしを豊かにします。

失敗したお買い物、陳腐化してしまったものはもはや惜しげなく手を加えたりすることが可能です。差しあたり色を変えてみましょう。スプレーで色を変えてしまえば、たちまちお部屋のオブジェに変身します。そう考えると、野に生えた猫じゃらし（エノコログサ）だって着色しただけでオブジェになります。

ちょっとした発想の転換で、用途を変えたり新しい命が誕生したり寿命を伸ばすことができます。

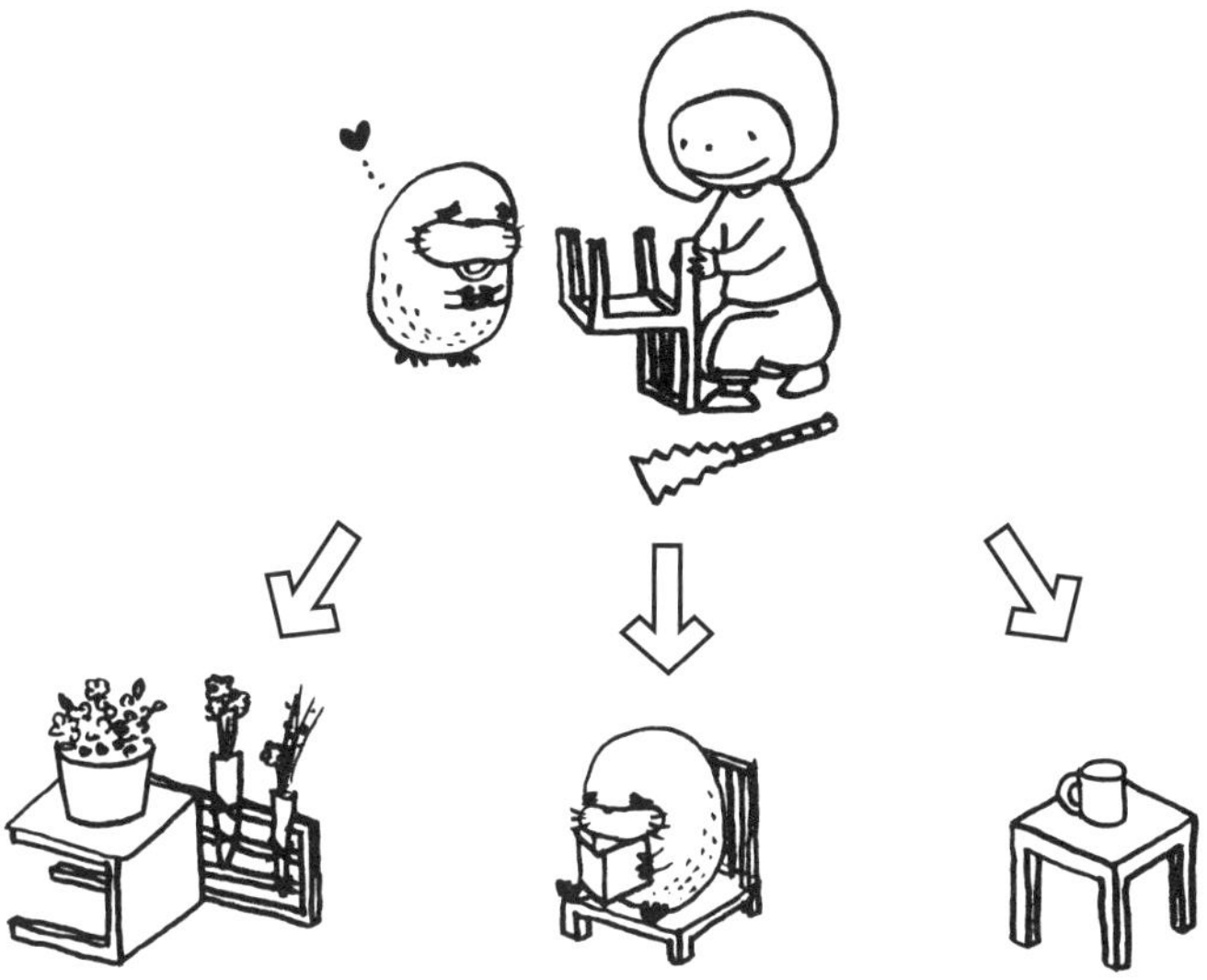

廃棄する前に、用途変更できるかどうか考えてみましょう！

第二章 健康を支え、心を豊かにするインテリア

肝心なことは
目に見えないことばかり
だから目に見えないインテリアを
感じとるところから始めましょう

1　自然の恵みと室内環境

あなたの部屋の空気はどこからやってきたのですか？
ちょっと見渡してみましょう。
隣の部屋から？
こっそり壁や天井の隙間から？

空気は世界中につながっているわたしたちの共有物です。地球を空気の層が取り巻いているおかげで私たちは息ができ、その天然の断熱層に含まれる水蒸気、雲、炭酸ガス、オゾンなどが生物を守っています。

空気中の多くの汚染物質は、大気や海、森林が持つ浄化能力によって分解・洗浄・沈降・再生されています。私たちは新鮮な空気を部屋に取り入れ、使い込んだ空気を運び去ってもらうサイクルで暮らしています。

地球は太陽のまわりを一年周期で公転しながら、自転軸を中心に二四時間周期で自転しています。太陽はいつでも地球のどこかを照らして暖めているので空気は暖

まったり、冷えたり、混ざり合ったりしています。

空気は暖まると軽くなるので上に向かって動きます。まとまった量の空気が持ち上がれば、もとのところを埋める働きが起こり、まだそれほど暖まっていない空気がそこを埋めるように移動することで風が起きます。空気がどんどん上にのぼり、冷たい空気が勢いよく入ってくると台風になります。

草木の葉や地面、水面が日射熱で暖められて水が蒸発すると、水蒸気を含む空気はまわりの空気より軽くなって上昇し、やがて上空で冷やされて雲をつくり、雨や雪となってふたたび地上に戻り天気が変わります。

今も昔も変わりなく、水と空気の大循環は変化と変動に富み、厳しさであると同時に素晴らしさでもあります。

空気
80km
約12800km
空気層は薄いっていうけど
富士山の頂上ではすでに
69%になってるんだって

「空気は軽い?」

何してるの?
風船って結び口から
空気が抜けるので
糸でしばるんです。
おっきいのが
できましたよ。
ズーン
よいしょ。
うわっ
な、なんでこんなに
重いの?
空気を入れただけ
ですよ。直径1.5mなので
2kgはありそうですね。

昔の住まいはその土地の地形や方位、気候に合わせたつくりで、地場材を用い、暮らし方も自然と共に生きる知恵と工夫を重ねてきました。それが伝統文化や風習として私たちに多くのメッセージを残してくれています。たとえば、民家に見る超断熱の茅葺き屋根、深い軒の出、開放的な空間や冷却面としての土間などです。

密集した住宅形式である町家では、屋根材に瓦を使っています。瓦はつくるときに焼いて火が通りやすいため、量産が可能で屋根の上で作業もしやすいといった特長があります。また、耐久性、耐火性、断熱性に優れ、水やほこりをさっと掃き流してほとんどメンテナンスもいらないなど、素晴らしく完成度の高い建築材料です。ただ、地震の影響を受けやすいため、しっかり固定する技術が必要となります。

盆地で暑いといわれる京都の町家では、上に向けて開放された坪庭や裏庭を設け、建物内に涼風が通り抜けて熱を溜めないようにする工夫があります。他に小屋裏換気、床下換気など伝統的手法はたくさんあります。

いずれにしてもその地域の自然と向き合った暮らしです。

比較的裕福な
江戸時代の農家

江戸時代後期以降の、農家における典型的な間取り「田の字形プラン」。
神奈川県秦野市から川崎市立日本民家園（神奈川県）に移築した
旧北村家住宅は、江戸時代中期ごろに建てられました。
夏は屋根と壁が熱を抑え、室内は土間を風が通るので、虫の出入りは
ありますが室内気候は快適です。
冬は隙間風が通り、熱も逃げるので、室内を暖めるのではなく、たき火
や囲炉裏、こたつなどで暖を採っていました。

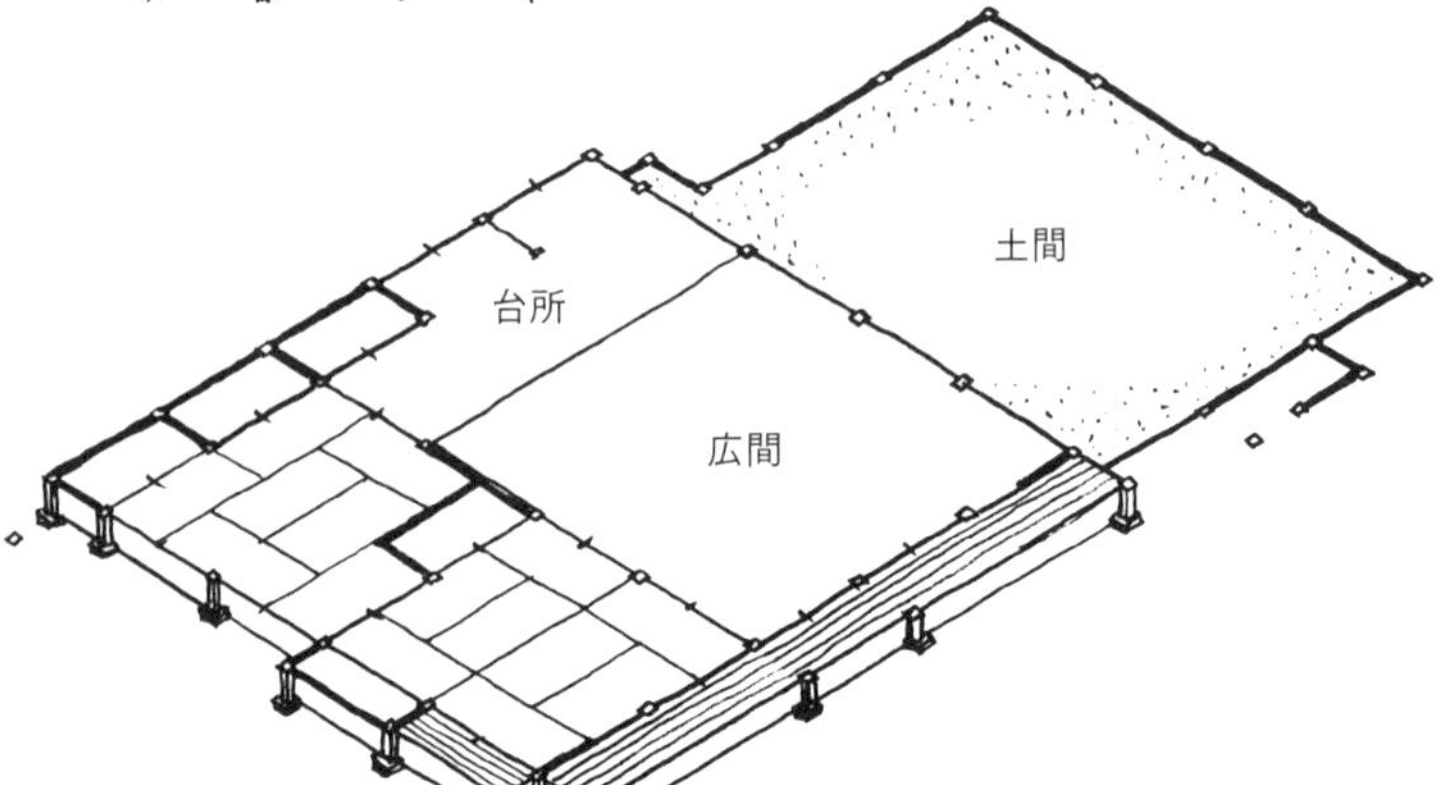

出典：旧北村家住宅より作図
www.city.kawasaki.jp/880/page/0000000262.html

京都の
町家の間取り

町家には坪庭、裏庭、通り庭という上方に開放された空間があり、夏の熱気は拡散させずに小さな開口部や欄間を伝って上方へ排気する工夫があります。

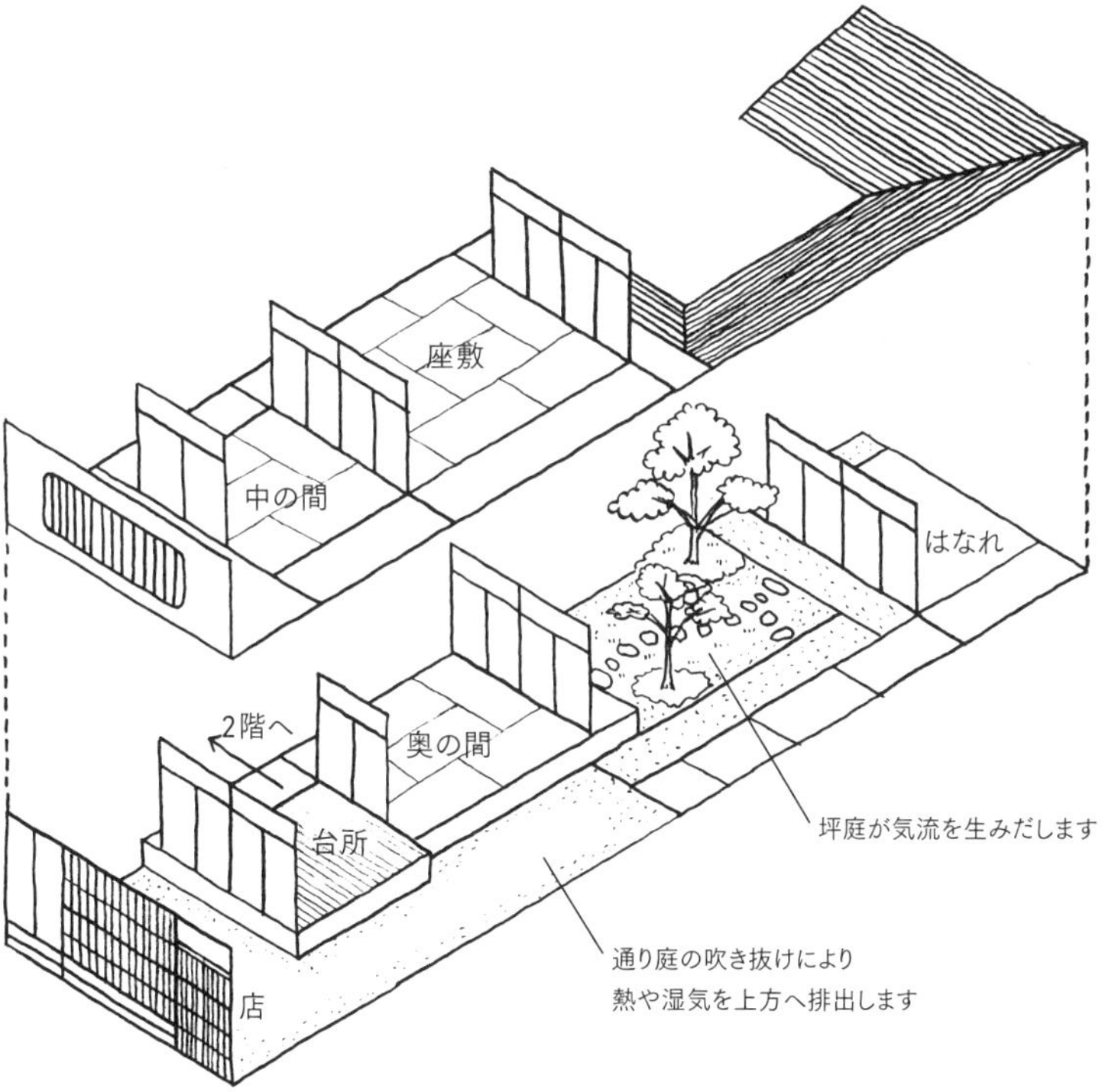
座敷
中の間
はなれ
2階へ
奥の間
台所
坪庭が気流を生みだします
店
通り庭の吹き抜けにより
熱や湿気を上方へ排出します

一方、現代の住まいは、十分に断熱がなされ、わずかな熱供給で温度が一定に保たれる工夫がなされていますので、使用方法を間違えなければ季節を問わず快適です。外とは異なる快適な気候状態をつくりだすには熱的な境界が必要となり、そのなかで暮らすにはその背景や取り扱い方法を知って、少なくとも誤った使い方は避けたいものです。

あなたの部屋に、じっと動かない空気があったとしましょう。そこに、発熱する家電や化学物質が閉じ込められた家具・雑貨・小物・印刷物を持ち込み、自分自身が出入りするとなれば空気は汚染されることは想像がつくと思います。

室内空気汚染の発生源はいろいろあります。人がいれば呼吸をし、汗もかけば熱も放出しますし、細かいほこりやちりも舞い上げます。

生活することで、料理の際の燃焼・加熱で水蒸気や油煙、燃焼排ガスを出しますし、排水口には汚れもたまります。防虫剤やスプレーを使うこともあるでしょう。ほかに、建築材料、接着剤、家具に封じ込められた化学物質もあり、室内に様々な物質が放出されています。さらに、屋外からは、排気ガス、花粉、細菌、粉塵などが入ってきます。

外から戻ったらまずは換気、空気を動かすには入り口と出口が必要です。換気扇が動いていても風の通り道をさっと変えてみましょう。離れた位置にある窓や扉を二か所以上開けるだけ、手を洗ってうがいをする間にさっとできる生活習慣です。

室内の空気汚染対策は第一に適当な換気を行うこと、次に空気を汚すものを持ち込まないことです。

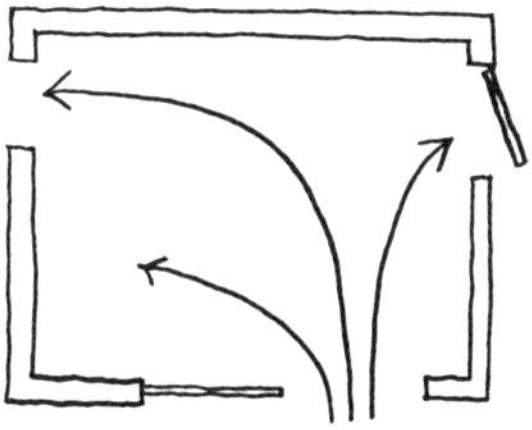

理想的な自然換気

有効な自然換気

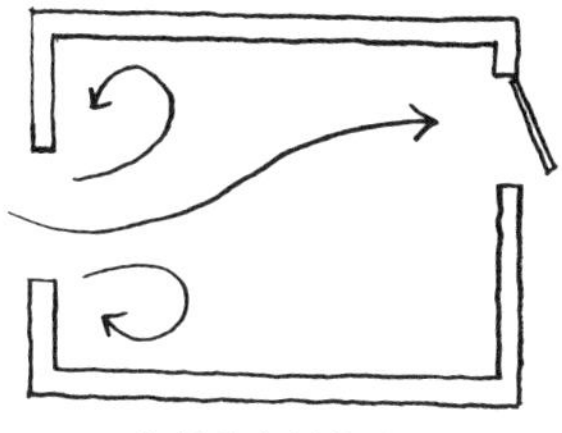

有効な自然換気

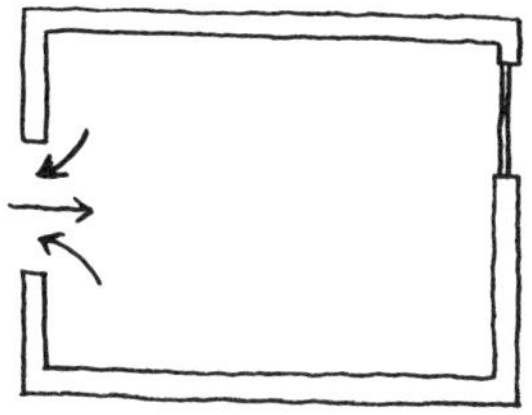

窓の近くだけが有効

風向きや温度差がない場合、
通風は期待できない

空気をコントロールするのも
コツがあります

部屋のにおいに困っている人

室内の空気汚染対策
のポイント!

①換気を心がけるとともに給気も忘れず点検しましょう

- 換気システムがある場合は常時運転しましょう
- フィルターやファンの掃除をしましょう
- 室温をあまり変えない自然換気を心がけましょう
- 換気システムがない場合はこまめに窓を開けましょう
- 換気システム、換気口、窓を利用して留守や就寝時にも換気をしましょう

②汚染源を持ち込まないよう心がけましょう

- 刺激臭のある家具は狭い室内には持ち込まないようにしましょう
- 芳香剤や殺虫剤など汚染源となる生活用品は、過度の利用を避けましょう
- 喫煙を控えるか、喫煙場所を限定して排気設備を設けましょう
- 気密化した建物において、煙突のない開放式燃焼器具はガス中毒の危険がありますので使用しません

住環境と健康についてのバイブルといえば

ナイチンゲール　看護覚え書

2 エアーをコントロール

空気にはいろいろな気体が混ざり合っています。空気の移動によって、熱や水分やにおいも運ばれています。

空気は隙間を通り抜け、物を包み込むという大変動きやすい特徴を持っています。このつかみにくい空気を人工的にコントロールしながら生活を豊かにする試みが現代の室内環境の特徴です。

まず、外部の熱の影響を受けないで生活することを考えてみましょう。人工的な室内気候に関して、これまでの成果といえばスペースシャトルがあります。

宇宙船スペースシャトルの室内環境は環境制御・生命維持システムによって頻繁に空気が入れ換えられ、温度は常に約一八〜二七度、湿度は三六〜六五パーセントに保たれていました。長時間同じ面を太陽に向けていると、その面は一〇〇度以上になり、裏面はマイナス一五〇度となってひずみが生じる心配があるので、機体はいろいろな姿勢を取っていたそうです。

もっとも驚きなのは帰還時の大気圏突入のときの機体温度で、大気との摩擦で翼の縁と船首部分は熱せられて一五〇〇度以上に達したとの記録があります。

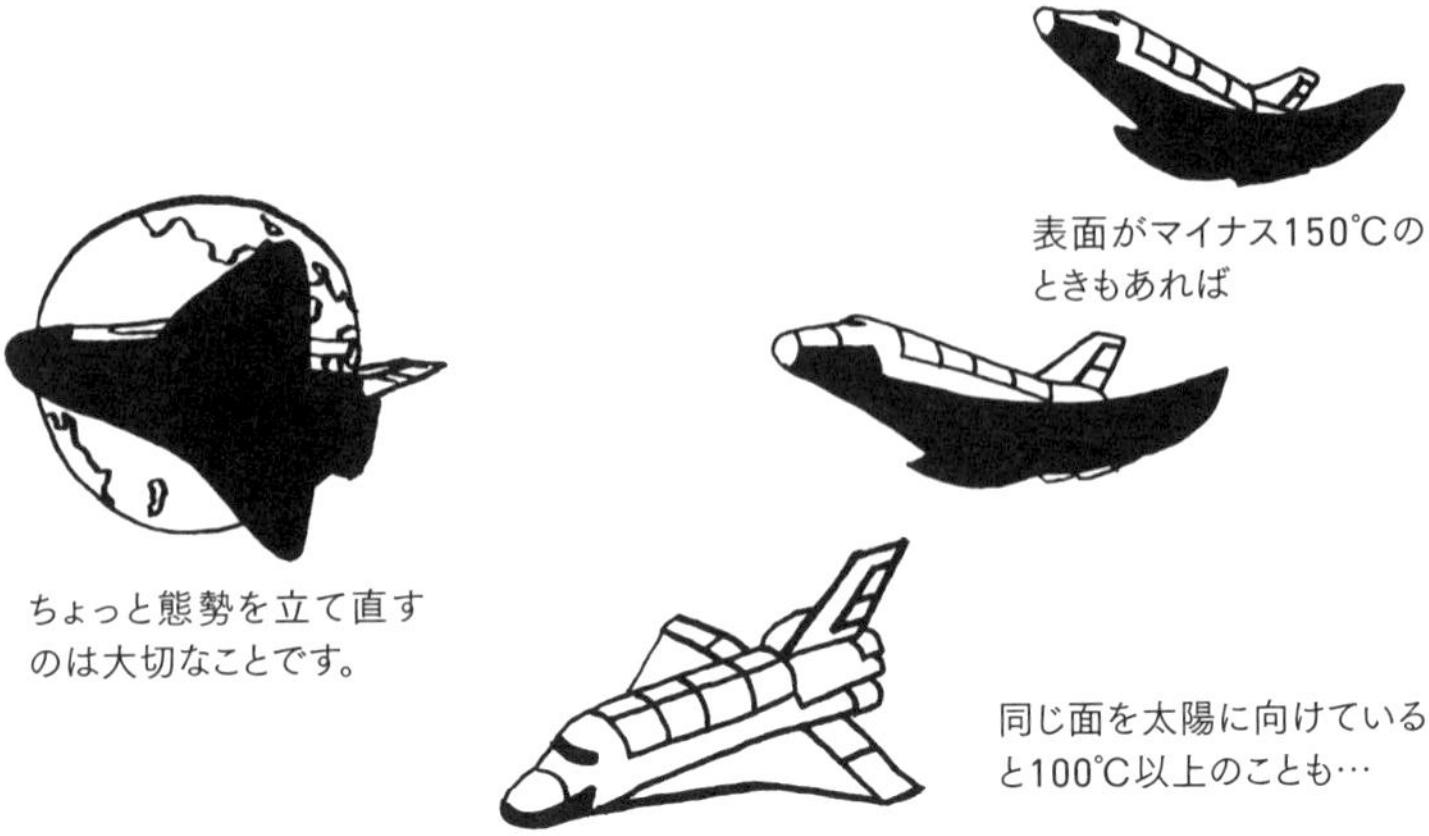
表面がマイナス150℃の
ときもあれば
ちょっと態勢を立て直す
のは大切なことです。
同じ面を太陽に向けている
と100℃以上のことも…

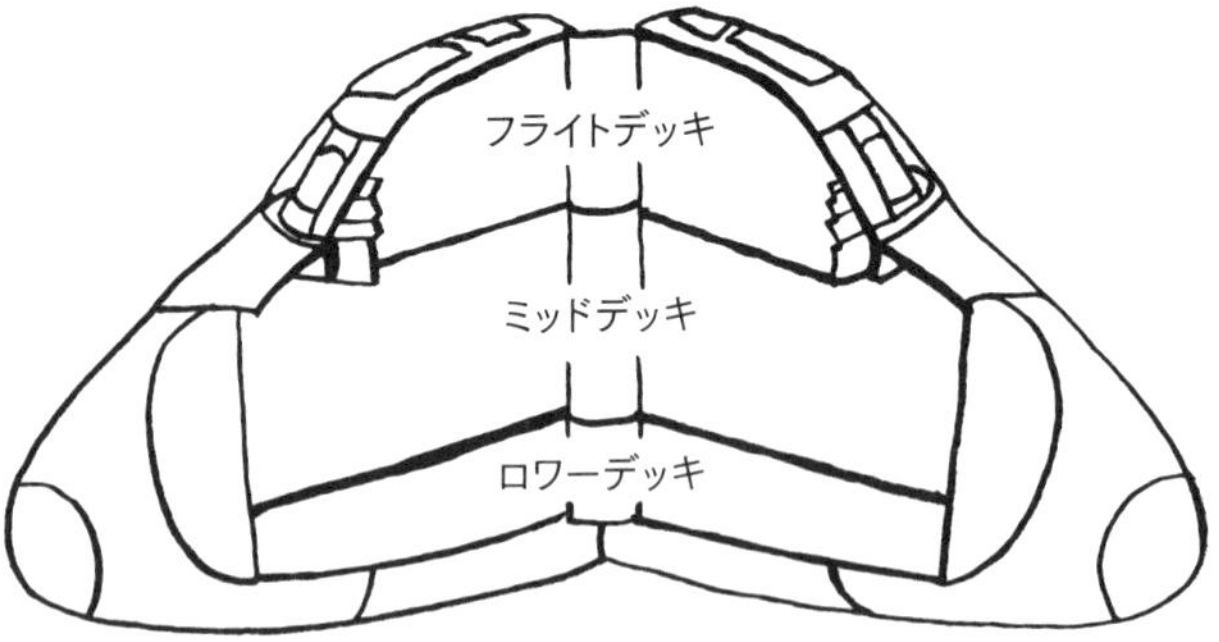
フライトデッキ
ミッドデッキ
ロワーデッキ

スペースシャトル オービターの各部
クルー・キャビン

スペースシャトル「オービター（軌道船）」のインテリアといえば、クルー・キャビン（生活ゾーン）、最大7名のクルーが生活する空間です。3層になっていて、窓が付いているのはパイロット席のあるフライトデッキだけ、これが4m²ほどです。ミッドデッキは宇宙で生活する場で約9m²ほど。ここで体を固定して睡眠もします。ロワーデッキは機器や配管が設置され、貨物置き場としても使われます。3次元で使うとはいってもかなり狭そうです。

断熱に関して、技術的には超高性能なものが開発されていることがわかります。現代の住宅においても断熱効果については実験を繰り返し、かなり高性能な材料が効率的に使われるようになっています。

では、空気中の水分に関してどれだけコントロールできるでしょうか。

日本で暮らす場合、日常生活での結露やカビの問題はよく話題になるところです。空気は水分を含んでおり、その湿り具合を湿度として測ることができます。湿り空気の水分が飽和状態を超えて水滴となったものが結露です。湿度は温度の影響を強く受けます。結露はカビの発生する原因となり、ダニも繁殖しやすくなり、また、錆、壁のはがれ、壁の汚れ、塗料の劣化の原因ともなります。まずは水蒸気を室外に出して室内の湿度を抑えること。そしてこまめな換気を行うことが基本です。

マットレスはちょっと持ち上げて
風をあてましょう。

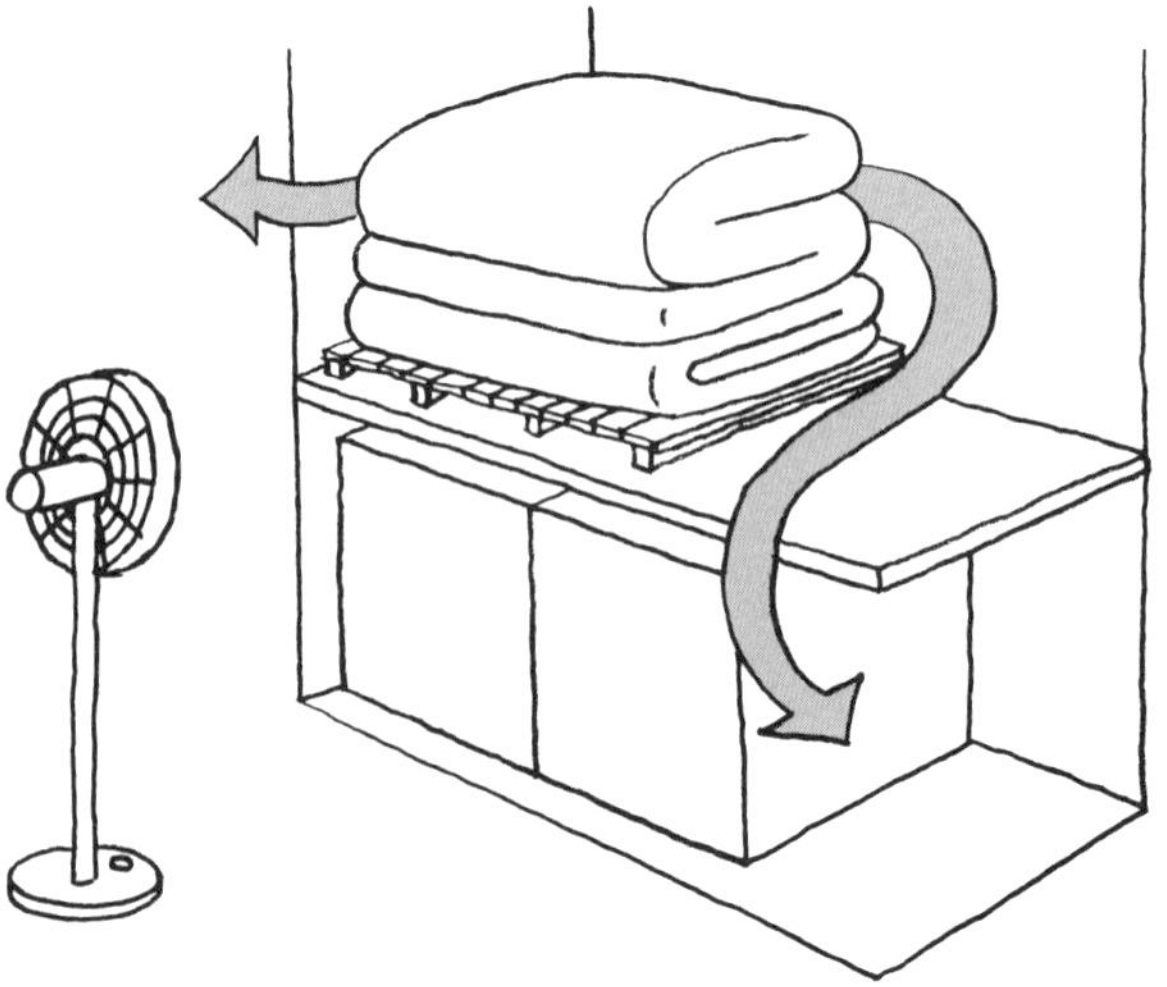

カビは生き物ですので発生しないようにするか、生育条件を断つかがポイントです。生育条件は四つ、酸素（空気）、栄養（水分・食料・ほこりなど）、温度（零度から生育、最適温度二五〜三五度、六〇度以上で死滅）、湿度（七五パーセントで発芽、九〇パーセントが最適のため六〇パーセント以下にする）です。光はなくてもカビは成長できますので、生育の原因を断つのはかなり厄介です。ですから、普段からカビの生えにくい環境づくりが大事です。隣り合ったほぼ条件が同じマンションにおいても、暮らし方ひとつでその差が歴然と出てしまいます。基本は、掃除、通風、湿気排除です。

カビの生えやすいところは浴室、脱衣室です。入浴後の水分は浴室で十分取り除いた上で脱衣室を使います。浴室を使い終えた最後の人は、浴室の乾燥係を担当しましょう。夏の換気はもちろん、冬は換気扇を回して室内から給気する方法があります。給気と排気と流路を考えて換気扇を二時間以上回すだけでも効果があります。カビが湯気にのって壁や天井に付着して繁殖しないよう、定期的な防カビ燻煙も有効です。

昔の住まいは自然換気が多いうえに、木材・紙・土など吸放湿能力の大きな自然素材を用いていましたが、現代では吸放湿能力の乏しい材料を使うことが多くなり、結露の起こしやすい建物になっています。

そのため、生活習慣で湿度を四〇～五〇パーセントに保つのが理想です。

日常的によく起こる結露

夏場によく起こる結露

室温と表面温度に差が大きければ結露します。

増えた湿気は
追い出しましょう。

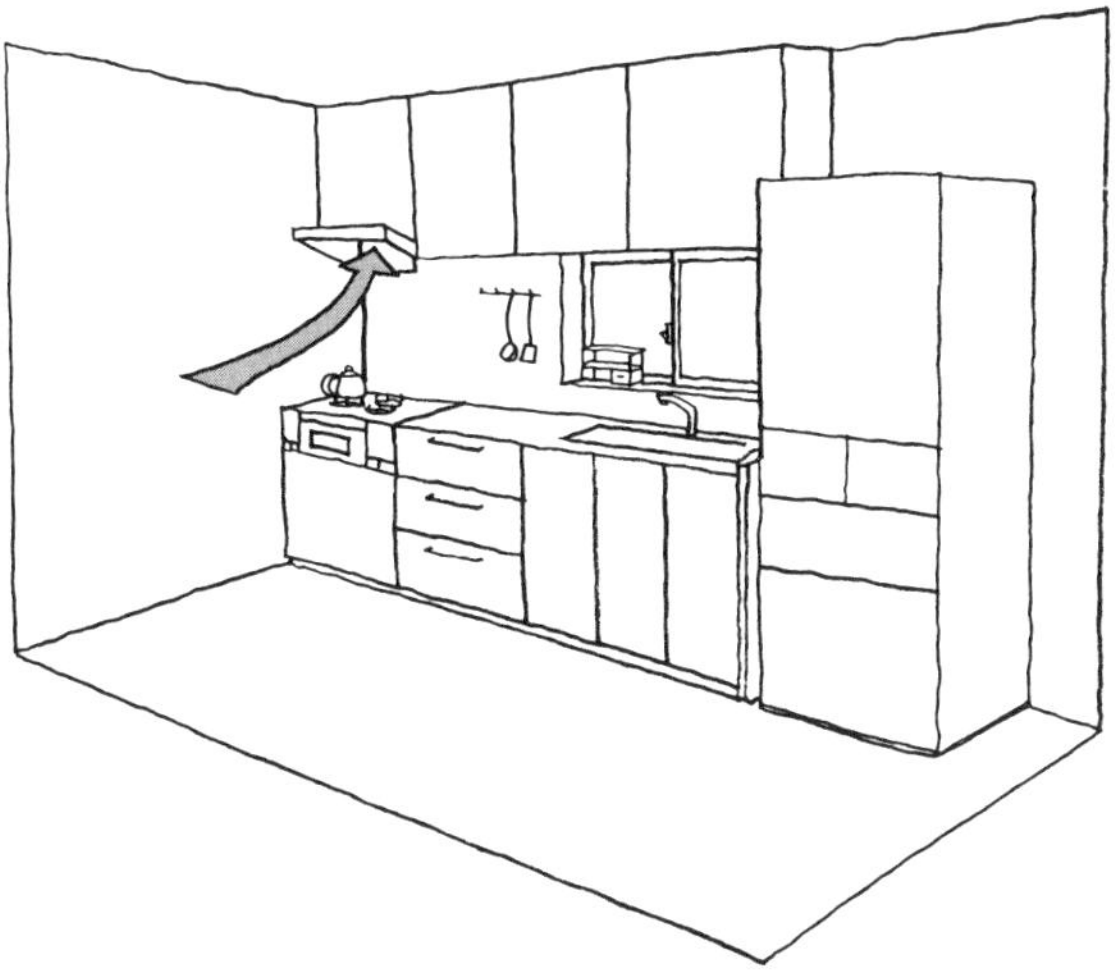

次は、においのコントロールについて考えてみましょう。

スペースシャトルに据え付けられている高性能なちりを取るフィルターでも、におい分子は除去しきれないそうです。それで何が問題かというと、閉鎖空間では空気の流れがかなり穏やかなので、おならをしても拡散せず、においの塊として留まり、そこを通った飛行士は強烈な臭いに遭遇してしまいます。帰還直後の機内のにおいは想像を絶するといわれますが、人は身の危険を感じないにおいには鈍感なようです。宇宙ステーションの臭さにも三日いれば慣れるといいます。

日常生活では空気中を漂う「におい分子」は、気流にのせて排出しています。

調理中の煙とにおいは局所換気といって、調理するその場で囲い込んで排気します。炒めもののにおいやグリルの煙も拡散することのないよう、なるべく煙を散らさないで集めて逃し、調理後もしばらく換気扇の運転を続けます。ポイントは空気の入り口と出口、そしてその流れである流路を意識して空気を入れ替えることです。

室内のにおい対策の基本は掃除と換気です。室温の保持をしながら少しでも効率的に換気をする住まい方を工夫していきましょう。

完結した人工空間の中で外界とのつながりを
一切断ち切った実験に興味がある人は

バイオスフィア2

「においを消す方法、知ってる?」

3 快適な温度と湿度

エアコン（暖房や冷房）によって家の中に閉じこもることはありませんか？

現代人はライフスタイルの変化に伴って、部屋の中に留まることが増えていますので、まずは温度計・湿度計を使って室内気候を点検しましょう。温度計はどこに置くかで数値が変わってきますので、自分が呼吸する条件に近いところに置きます。

人間の身体は素晴らしい体温調節機能を持っています。夏は暑さに敏感に反応して汗をかき、冬は皮膚側の血液循環を少なくして熱が逃げるのを抑えます。生活空間の快適さは大切ですが、過剰な快感を求めることのないよう注意が必要です。冷暖房をかけ過ぎると体温調節の機能が狂ってしまいますので、屋外に出るときにあまり温度差がないよう気をつけましょう。

「熱を出すということ」

ポカ
ポカ
人は常に熱を放出しているのに
冬は部屋を暖めるんですよね。
それは、体の熱が奪われすぎないように
空気や壁を暖めるらしいよ。
えっ?そうなんですかぁ…
風邪で高熱のときに
布団をかけていたのは
どうしてですか?
それは体のセンサーの働きに
応じて汗をかいて平熱に
戻すためよ。水風呂で体を
冷やす人はいないよ。

夏は湿度が暑さを左右する要素になります。温度の高い空気は、たくさんの水蒸気を取り込むことができますが、急に冷やすとが結露が起きてしまいます。たとえば室内が三〇度で相対湿度が七〇パーセントのリビングルームでは二四度以下の部分から結露が始まります。

冷房を入れる場合は二五～二八度を目安に、外気との温度差は七度以内にしましょう。冷房のしすぎは疲労の原因ともなります。除湿でジメジメ感を低減するのが理想です。

「吐き出す息は何度かな?」

フー フー
ハー ハー
?
「ふーっ」は涼しくて
「はーっ」は温かいよね
どうしてかな?
空気を細く当てると周囲の空気の渦ができて冷やすことができるんですよ。
勢いを弱めて体温に近い温かい空気を当てれば温まるんだね。

冬の暮らしは、窓からの日差しをふんだんに取り入れ、暖房は一七～二二度を目安にしましょう。エアコンの暖房で気温を上げすぎると湿度が下がりますので、加湿をしてバランスをとります。乾燥した空気ではほこりやちりだけでなく各種ウィルスが空中に留まりやすくなり、人が感染する機会も多くなります。加湿は五〇パーセントを目安に調整しましょう。加湿をしすぎると結露が生じ、カビが発生しやすくなりますので七〇パーセント以上の加湿は避けてください。急な温度変化は結露を引き起こします。たとえば室内が二〇度で相対湿度が五〇パーセントの室内が、冷えてきて九・四度以下になると結露が始まります。冷めやすい家のつくりだと結露の問題が生じることがわかります。特に家具の裏側や部屋の隅部は空気が淀んで動かないために温度差が生じやすく、隙間を空けたり風を送るなどの工夫が必要となります。健康住宅を推奨する専門家は、放射温度計を使って床・壁・天井の表面温度を測定し、室内の温度むらを点検して結露対策などのアドバイスを行います。

Q. 冬暖かく、夏涼しい家といえば？

1. レンガづくりの家
2. わらでできた家
3. かまくら
4. その他(　　　　　)

A. 4. その他(モグラちゃんち)

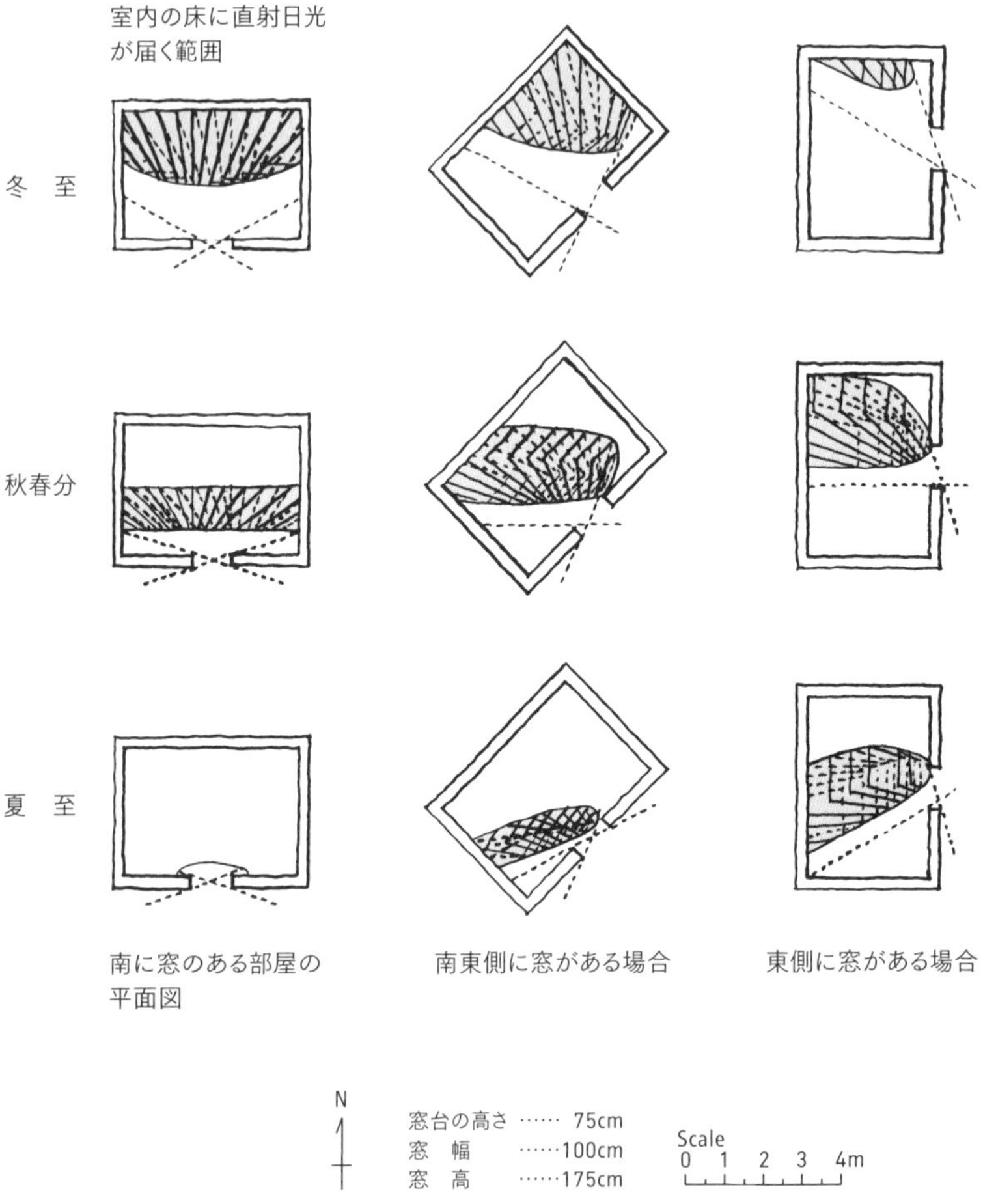

[窓から室内に入り込む日照の範囲]

室内に入り込む日差しは、窓の位置（方位）や大きさ、
そして、季節によって大きく異なります

出典：日本建築学会編『建築資料集成2』丸善、1960より作図（北緯35°の場合）

[各地の冷房日(日/年)]

地名	冷房期間	冷房日(日/年)
札幌	―――	0
仙台	7/27～8/21	26
東京	7/9～9/11	65
大阪	6/27～9/17	83
鹿児島	6/21～9/22	94

（東京天文台編『理科年表』(1996)をもとに作成）

[各地の暖房日(日/年)]

地名	暖房期間	暖房日(日/年)
札幌	10/20～5/1	195
仙台	11/10～4/16	159
東京	11/30～3/26	118
大阪	11/29～3/25	118
鹿児島	12/8～3/6	90

（東京天文台編『理科年表』(1996) をもとに作成）

一方、わたしたちは屋外で新鮮な空気を吸うよりも、室内で呼吸をしている時間の方が長いので、空気と一緒に多様な化学物質も吸い込んでいます。快適温度を保ちつつ換気の習慣も大切です。二四時間換気設備を活用している場合、給気と排気の点検をしてみましょう。給気口と排気口は閉じていませんか。排気口は虫が侵入しないよう金網が付いているので、そこにほこりが詰まっていれば換気扇が回っていても換気は行われていないことになります。

窓を開放して風を取り込む場合、風は風向きや風速が変わるので二か所以上の開放が理想です。風は大きく取り入れて分散して出すのが理想、高窓があればそこから風を送り出します。

見えない
インテリアと
上手につきあって
いきましょう。

●夏と冬は窓を閉じる工夫、春と秋は開ける工夫をして暮らします

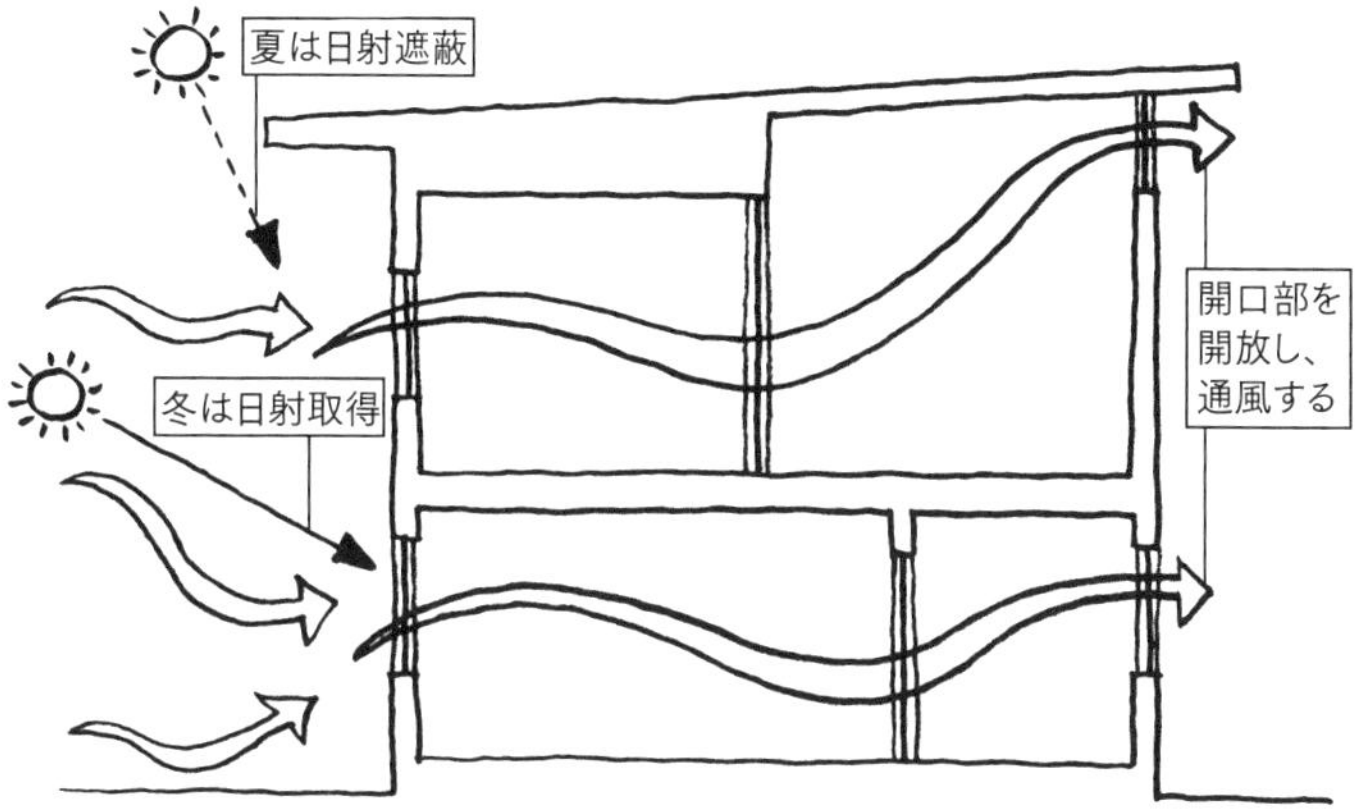

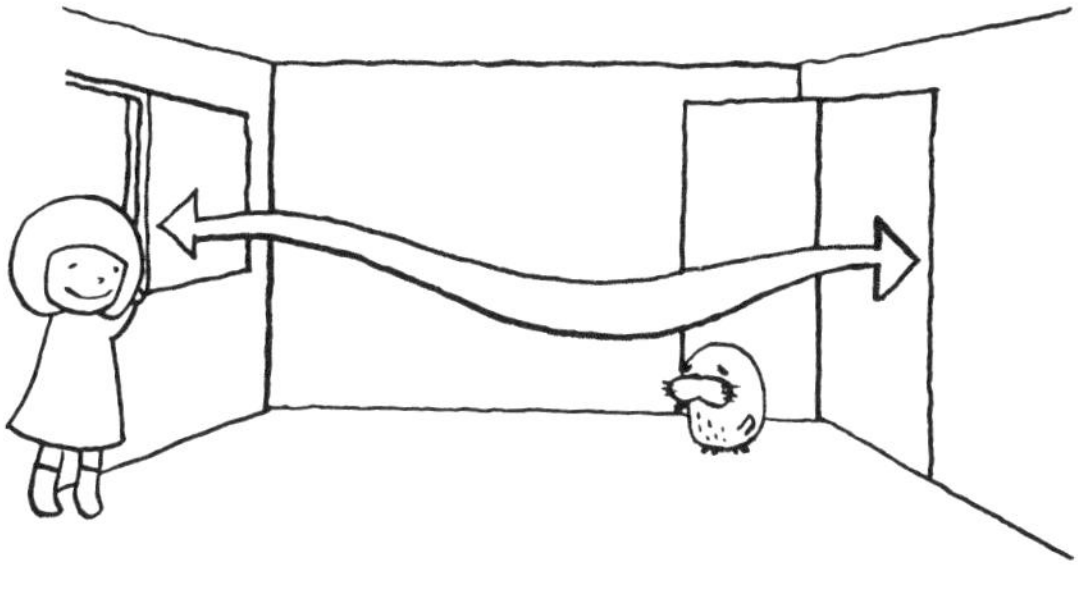

季節に合わせた換気を心がけましょう。夏・冬は温度の急激な変化を避けるため、窓を少しだけ開けて風の通り道をつくり、隣の部屋の換気扇を回して空気を引き込む方法もあります。また、温度差によっても空気は動きます。熱は一般に、高温部から低温部へ移動する性質がありますので、冬季は室内外の温度差によって窓を少し開けるだけでも自然換気が行われます。

空気の動きを視覚化するには、モビールを飾りましょう。部屋に彩りが添えられ、動きもできるのでインテリアアクセサリーとしてもおすすめです。わずかな空気の移動をとらえて揺らぐ軽いものを、自分でひとつつくってみるというのはいかがですか。

室内の換気担当はあなたです。高性能な試作品の機械を導入するのもいいのですが、住まいの地域特性に合わせた住まい方の工夫がまずありきです。

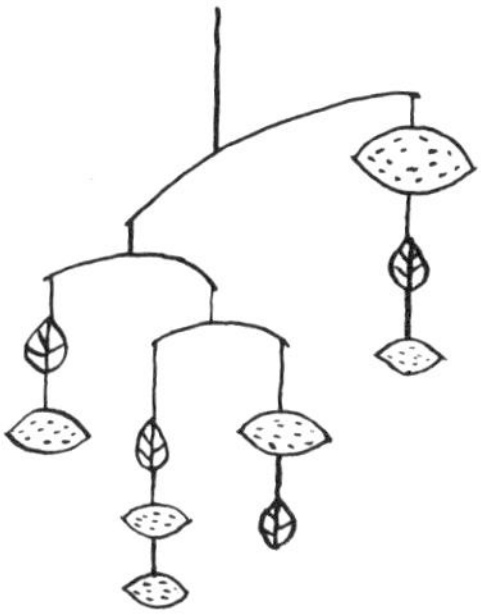

モビールのつくり方　工作

これは画像検索してみなくちゃ
楽しいデザインがい〜っぱい

4　自然光と照明

あなたの部屋の光はどこから来たのでしょうか？

窓の外から？　照明から？　もしやパソコンのモニターからですか？

光を放つものといえば何があるでしょう？

太陽、たき火、ロウソク、ガス灯、レーザー光、クラゲやホタルの発光ほかいろいろありますが、室内の明るさといえば太陽による自然光と人工光源による照明です。自然光を室内に取り込むことを採光といいます。採光による室内の明るさには三つの特徴があります。

・窓側で明るく、遠ざかれば暗くなる
・室外の明るさと室内の水平面の明るさは一定の関係にある
・窓の位置、形状で明るさは異なる

一つめはトンネルを思い浮かべればわかります。トンネル内に太陽の光はどこまでも追いかけてくるということはありませんので、トンネルの奥に行けばすぐに暗くなります。教室で窓側が明るく廊下側が暗い場合、人工照明の助けを借りること

になります。

二つめは天気に恵まれ戸外が明るければ室内も明るく、曇れば室内の明るさも低減するということです。室内の明るさは、雲が通っただけで大幅に変動し、方位や季節や時間帯も大きく影響します。

三つめを理解するために一つ問題を出します。

あなたは四角い部屋に長方形の窓をとりつけようとしています。縦長に取り付けるのと横長に取り付けるのでは部屋の明るさはどう変わるでしょうか。さらに、その窓を高い位置に取り付けるのと低い位置に取り付けるのでは部屋の明るさにどう影響するでしょうか。


よろしいですか。では、答えです。

電球が離れるほど明るさは弱まっていきます。光源からの距離の二乗に反比例して弱くなるので、天井が高い場合は明るい器具にするか、器具を下げるかを検討します。

縦長窓では限られた範囲ですが部屋の奥まで光を届けます。一方横長窓では窓際を明るくしますが奥の方まで光を届けることはできません。取り付け位置については、高いところに付けた方が部屋全体が明るくなります。一般に壁面下部からの採光は不利ですが、趣を好んで人工照明とのバランスをとれば視線位置に壁が多くなるので落ち着いたインテリアになります。トップライト(天窓)は採光の効率は優れていますが雨仕舞いの難しさや直射日光の制御が困難ですので頂側窓《ちょうそくまど》(ハイサイドライト)が用いられることもあります。

自然光は朝から夕方まで刻一刻と変化し、季節によってその時間帯も異なります。窓はその不安定な情報を伝える役割もあります。私たちは、カーテン、ブラインド、雨戸、シャッターなどで自然光を調整しています。インテリアデザイナーはこれら自然光の特徴を積極的に使って、絵を描いたり制作をするアトリエには高窓を、和室の落ち着いた部屋には下方の側窓を取り付けて豊かな壁面、そして空間をつくり出します。

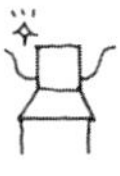

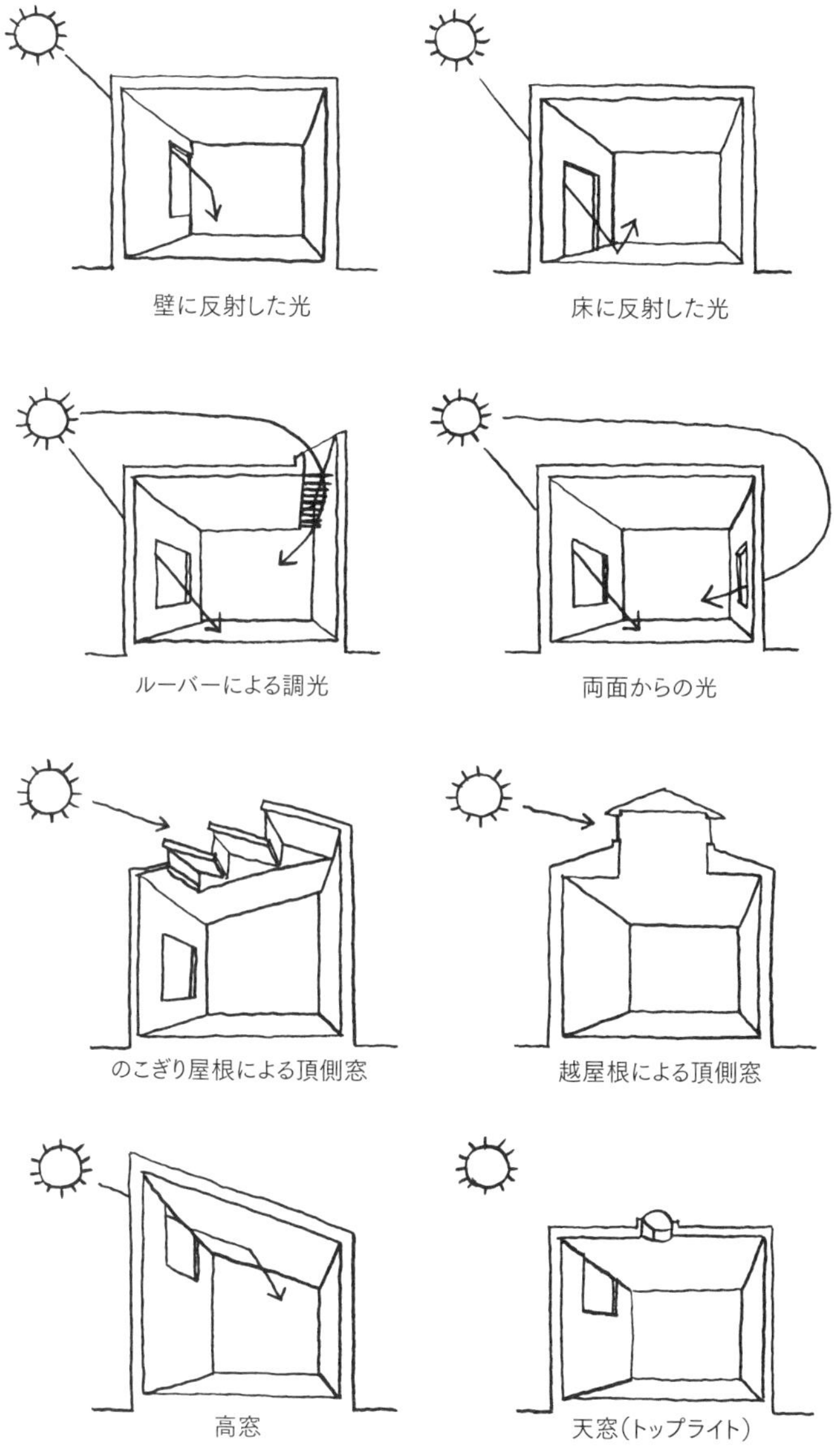

●採光を得るための窓の取り付け位置

このように自然光は不安定ですので、人工照明を使って補います。人工照明は暗いところを明るく照らし、安全で暮らしやすく、くつろぎの空間を演出します。街なかの街灯やサイン、トンネル内の照明などの外部環境から、舞台照明のような明るさだけでなく場を演出する道具としても大活躍です。

照明の光にはそれぞれくせがあるので、色の見え方も変わります。店舗のディスプレイ、レストラン、ショールームなど、店の雰囲気に合わせた照明計画がなされていますので普段は気にとめない照明もよく見てみましょう。デザイナーはイメージにあった材料を選定し、色を決め、照明設計も行っています。

照明を使う上での注意点を三つ点検しておきましょう。

・グレアの防止
・暗順応
・メンテナンス

グレアとは不快な眩しさのことで、たとえば視線の近くに明るい光があったり、ガラスの反射で強い光が視野に入るケースです。液晶ディスプレイへの映り込みは、コンピューター側の画面調整をしたり、角度を変えたり、天井照明にルーバーを付けたり、窓面で調光したりと工夫が必要となります。

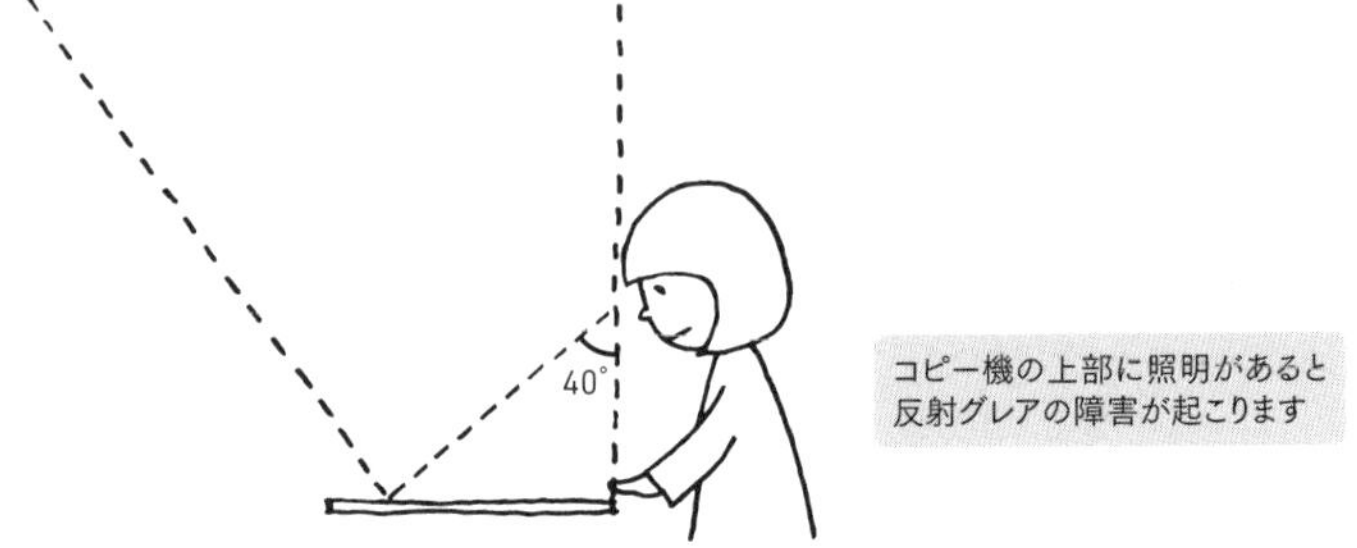
この範囲に高輝度の光源を
置かないようにしましょう
40°
コピー機の上部に照明があると
反射グレアの障害が起こります

暗順応とは明るいところから暗いところに入ると急に辺りが見えなくなる現象です。目がその場に慣れるのに時間がかかりますので、ある程度の明るさを確保する必要があります。部屋を移動したときに暗いと感じるところでの床の段差は要注意、観光地の昔の建物にはよくあります。

暗順応とは逆に、ノートパソコンを屋外に持ち出すと画面が見づらい現象は明順応の結果です。急に明るい光を浴びると、その瞬間は戸惑いますが、すぐに慣れてしまうので明順応はあまり気にしたことがないかもしれません。

メンテナンスは保守点検を指し、照明器具がもつ本来の明るさを維持するためには定期的な掃除が欠かせません。こまめな掃除で器具の寿命も延ばすことができます。機種によって手入れの方法が違いますので取扱説明書を必ず確認しましょう。

●視力が回復する時間の目安
（個人差あり）

明順応（暗い→明るい）	1.5秒前後
暗順応（明るい→暗い）	10秒前後

5　光環境をコントロール

「部屋が明るい」「部屋が暗い」と普段なにげなく言葉にするのは、室内の光環境によるものです。照らされた場の明るさを照度（ルクス：lx）で表し、照度計で測定することができます。室内では窓側が明るく、窓から遠ざかれば暗くなります。

ＪＩＳでは用途により推奨照度を定めていますので、目安として便利です。一方、仕事をする作業場の明るさは労働安全衛生規則で定められています。これは、労働災害を防止することを目的として、事業者が守るべき基準を定めたものですので、この基準に適合していない労働環境で災害が発生した場合には、事業者が罰せられることとなります。照明を間引く際には、ＪＩＳ基準を参考にして少なくとも労働安全衛生規則に定める照度を最低確保できるように実施することが必要です。

作業区分として精密な作業をするところの基準は三〇〇ルクス以上、普通の作業なら一五〇ルクス以上となります。

人は明るさや、暗さに慣れる順応性を持っていますが、環境の変化に慣れるには多少時間をかけて調整していく必要があります。省エネのために照明の間引きを実施した直後は必ず暗く感じます。多少暗いと感じながらもとりあえず実施してみて、最低限の照度は確保していても、やはり照度不足と感じるようであれば、間引く箇

所の再検討が必要です。

ＯＡ化されたオフィスでは、部屋の全体照明を少し抑えて作業面の明るさを卓上灯で確保したり、部屋全体の明るさに昼光を利用するなどの手法が用いられています。

机の上が同じ明るさでも、そこに白い紙と黒い紙を置いた場合、見る人は異なる明るさを感じます。それは物体に当たった明るさは、さらに反射して目に届くためで、人がどんな光を見ているのかは照度で表すことはできません。紙を照らす光の量は変わらないのですが、反射して目に届く光の量は違うため、見る人の目にどれだけの光が届いたか、ある方向からどれだけの光が観測点に届いたかは、輝度（カンデラ・パー・平方メートル：cd／m^2）で表します。

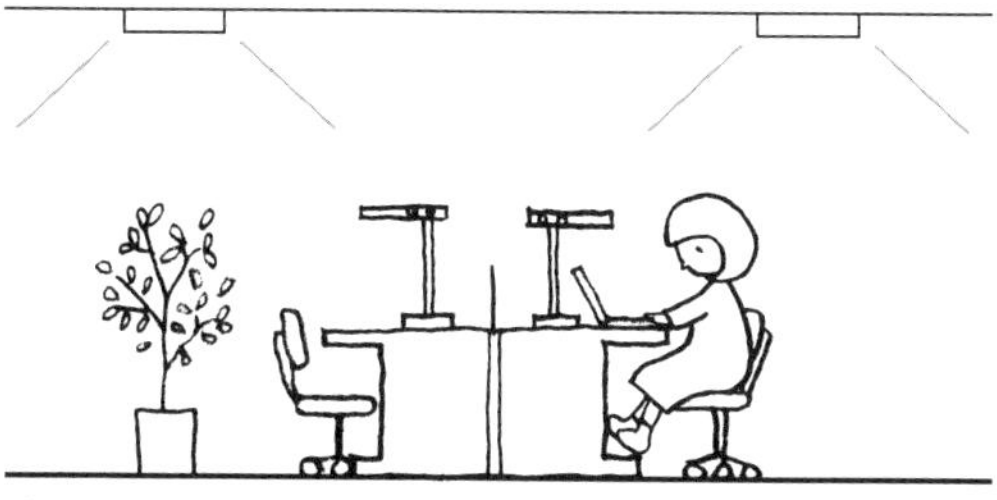
●オフィス天井の照明を抑え、手元のスタンドで調整します

窓を背景にして人物写真を撮ると、人物は黒い影のように写ってしまいます。これは、窓面と人物の輝度の差が大きすぎるために起きてしまうシルエット現象と呼ばれるものです。これを解消するには、窓の明るさをカーテンやブラインドで抑え、カメラのフラッシュやライトをあてて人物を明るく照らすことです。カメラに逆光補正機能があれば試してみましょう。

一方、「明るい照明」といえば、たくさんの光を放つ器具・ランプを指します。天井が高い空間を照明で明るくしようとすれば、たくさんの光を放たないと作業面の明るさが確保できません。

どれだけの光を発しているかは、光束（ルーメン：lm）で表します。消費電力はW（ワット）で表し、電気による照明器具の発光効率lm／Wで表されます。

マンションは一戸建て住宅とは違い、窓数が少ないのが特徴です。自然光が限られるので、その分好みに応じた演出を楽しむことができます。事務的コーナー、趣味コーナー、くつろぎコーナー、快眠コーナーなど、上手にゾーニングしましょう。昼と夜では用途が変わることも多いはずです、時間帯や生活パターンに合わせて全体照明と補助照明を使い分けます。

壁や天井が白系で多少光沢があれば光を反射しやすいので、照明は控えめでも大丈夫でしょう。逆に濃いめの色調であれば光を吸収して暗く感じるので、少し明るめで発光効率の高いものを使いましょう。

明るさを連続的に調整できる調光器は、くつろぐときの雰囲気を変えるのに便利です。他に、人感センサーや暗くなると点灯する光センサー、ゆっくりと点灯する目に優しいソフトスタータ、電源がなくても設置できるコードレスタイプの照明器具など便利なものがいろいろあります、必要に応じて検討してみましょう。

また、夜の窓ガラスは室内の全体照明を点ければ、外部から室内の様子が見えてしまいます。これは一戸建て住宅も高層マンションも同様です。夜景を楽しむときは室内の全体照明を落としてスタンド照明やデスクライトを使いましょう。

都市の夜景を楽しむには
天井灯を消し、窓側の壁際か窓より下にスタンドを置きます

夜の寝付きが悪い人は日中の運動不足解消が基本ですが、夜の明かりでコントロールすることもできます。寝る前には適度な明るさのなかでゆったりと過ごして休息のサインを脳に送ります。疲れた脳を休ませることを考えれば、就寝直前までのパソコン作業は控え、脳と体が入眠の準備に入り、自然と深い眠りへつながるよう心がけます。

朝の目覚めは、目覚まし時計の音よりも光で目覚めるのが爽やかです。目が覚めたらカーテンを開け、明るい朝の光を浴びましょう。スッキリとした目覚めにつながります。タイマー付き電動カーテンレールやタイマーで自動的に点灯する照明システムもあります。

ヒトは昼行性の哺乳類であり、日の出とともに起床して、日中活動し、日が沈むと休息をとるという生活が生物としての本来の姿です。

朝の光を浴びて生体リズムを整え、食欲を高めるのが理想です。

照明器具を分散させて
省エネルギーもよいですが、
ぼくはヘッドランプだけで
暮らせます

「体内リズム」

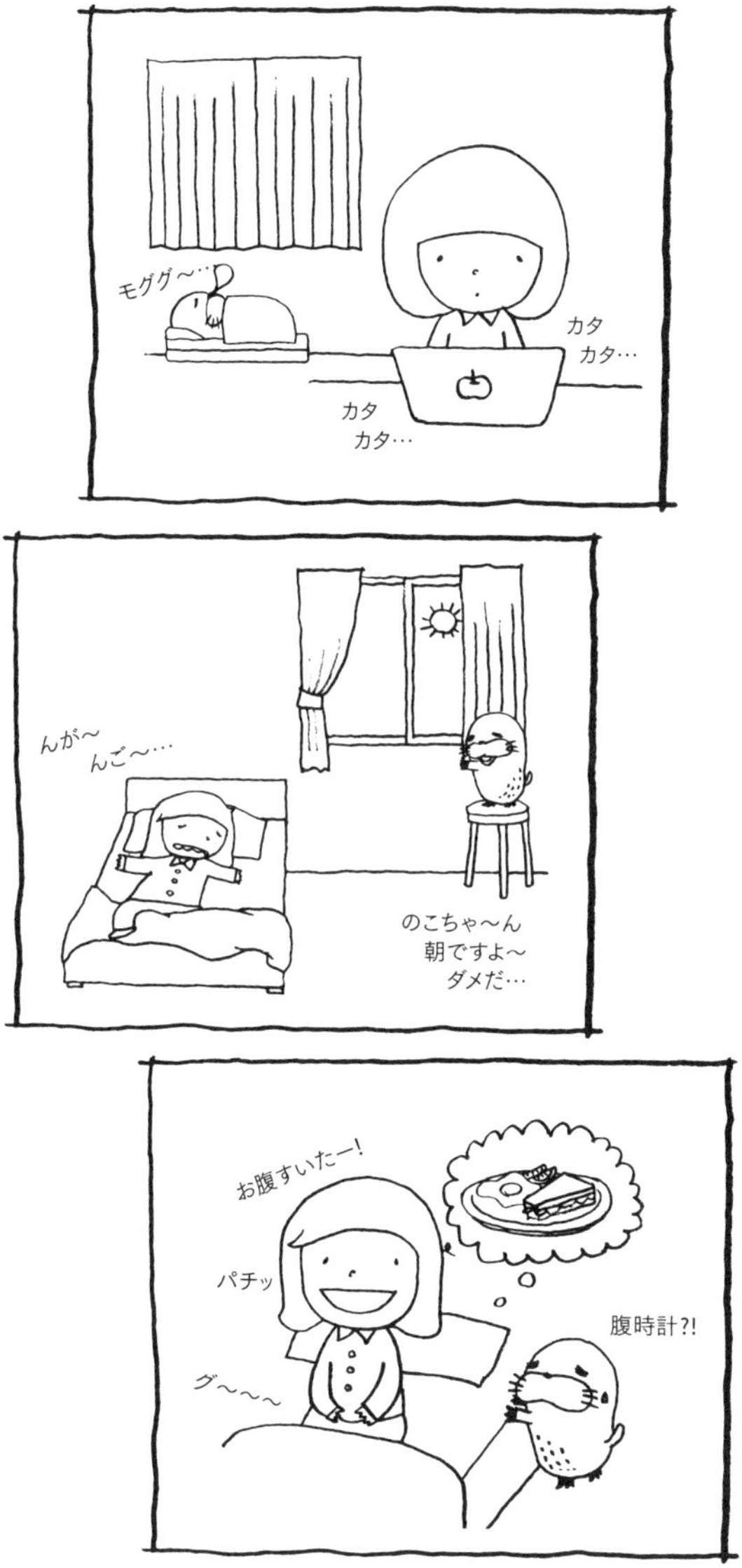

6　快適な音響

今どんな音が聞こえるか、ちょっと耳を澄ましてみてください。
あってもいい音だけですか？　なくなってほしい音もありますか？
音楽を楽しむとき、あなたはヘッドホンやイヤホン派ですか？　それともスピーカー派でしょうか？

周りがうるさかったり周囲の音が大きいと、どうしてもボリュームを大きくしてしまいがちです。一時間以上使用するときには常に音量に気を配るようにしましょう。イヤホンなら周囲と会話ができるくらいの音量で、クローズド型では片方のヘッドホンをはずし、はずした方から聞こえてくる通常の話し声と同じ程度に聴こえるように音量を合わせるのが無難で、どんな形であれ、適切な音量で聴くことが一番です。

大きな音を長時間聴くと、難聴のリスクがあります。聴覚障害を負わないよう耳を守るための簡単な予防として、騒音にさらされる時間を減らすこと、大音量には耳栓をするかボリュームを下げること、音楽を聴く際には途中で短い休憩を取ること、定期的に聴覚検診を受けるといった方法があります。

屋外でのイヤホン使用者は、外の音が聞こえにくいだけでなく、注意が散漫になって危ないので、その危険性については周知・啓発されていますが、使用者以外の人も、使用者が周囲の音に鈍感になって警報音に気づきにくいことを知っておく必要があります。

音を楽しむ空間といえば音楽ホールか劇場、あるいは映画館でしょう。音が迫ってきたり音に包まれたりと音源や建物にはさまざまな工夫があります。音楽ホールでは、まず外部の音を遮断して、室内での響きをコントロールするために直接音とその反射する音である残響のバランスがとれるよう、床と客席・観客、壁、天井、音源周辺などをトータルに考えて音響設計がなされています。これが住宅となると、残響時間が短めでくっきりとした音になります。室内での音の響きには直接音に音の反射と吸収が相まって耳にどう届くかで違いがでます。

楽器を演奏するとなると防音室を設けたり、楽器に消音装置を付けたりします。一般の住宅における防音室は、外部音が室内に入るのを防ぎ、室内の音が外部にもれないようにつくられています。遮音材と呼ばれる表面が緻密で硬い材料を二重にしたりコンクリート・金属・ガラスブロック・漆喰の壁などで不要な音を遮断し、そのままでは内部の音が跳ね返って音が聞き取りにくいため、吸音材と呼ばれる表面が多孔質の吸音ボードを使って反射音を抑えています。窓は二重にして出入り口は防音ドアを設置します。特にピアノは床から音が伝わりやすいのでクッション材やゴムで床から浮かせて音の伝達を防ぎます。

また、高音よりも低音の方が抑えるのが困難なため、ドラムや和太鼓などの低い衝撃音はさらに厳重な防音が必要になります。

音に対する人間の感じ方は複雑で、「物理量の大きい音」がそのまま大きく聞こえるとは限りません。音の高低で大きく聞こえたり小さく聞こえたりすることがあります。そのため、物理的な音の大小を「音の強さ（W／m^2）」と呼び、人の聴覚でとらえる音の大小を「音の大きさ（dB）」と呼んで区別しています。

室内環境においては、主に音の大きさや床の振動による音の発生と伝搬、設備機器が発生する音などの制御を行います。

♪お風呂で歌を歌うと響いて
上手になった気分
（音がはね返る材料でできている）

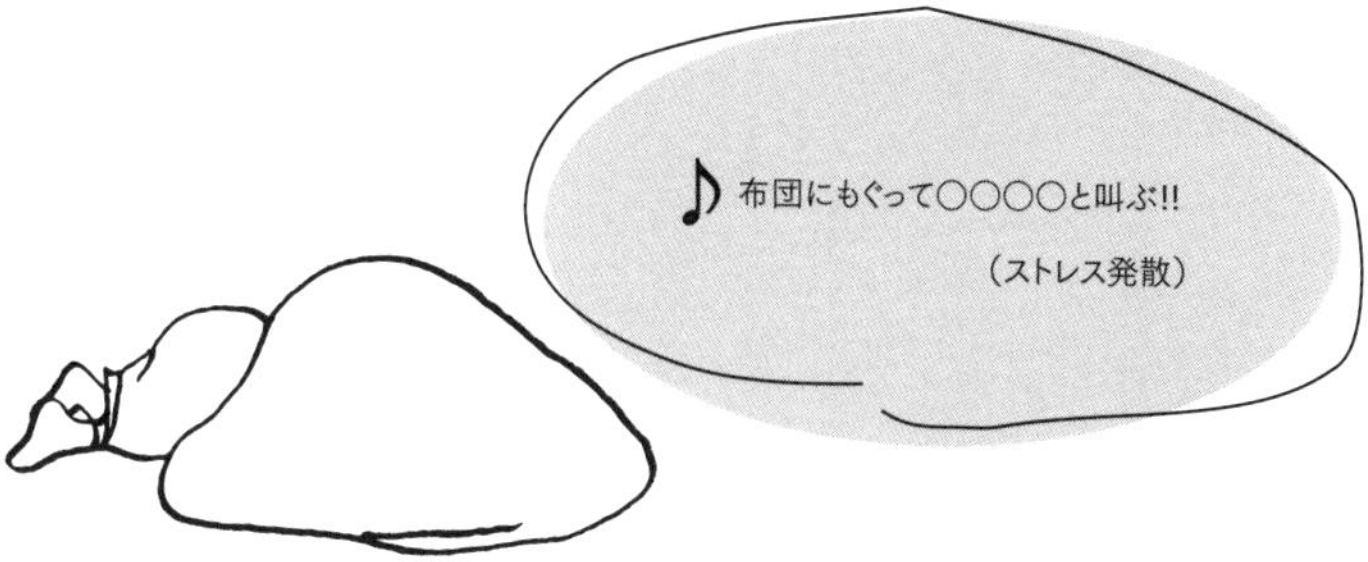
♪布団にもぐって○○○○と叫ぶ!!
（ストレス発散）

♪エレキギターは静かな演奏を
するのにも適しています

7 騒音の排除

音そのものはその時その場でさっと消えていきますが、耳を澄ませば新しい音に満ちています。室内では時に「静か」であることの心地よさがあります。静かさを簡単に手に入れることはできますか？

女子大生に「身近で困っている音」を挙げてもらったところ、実にたくさんの回答がありました。室内騒音と外部騒音に分けて紹介します。

●室内における生活騒音

室内・階段の足音、窓や扉の開閉音、空調機器、換気扇、流しの水音、トイレ・浴室の給排水音、人の話し声、子どもの泣き声、子どもの笑い声、子どもが走り回る音、家具の移動音、いびき、楽器の音、音響機器、家電機器（洗濯機、掃除機、ドライヤー音）、近隣騒音（犬などのペットの鳴き声、アイドリング、子どもの泣き声、人の騒ぎ声）

耳を閉じることはできないのに
いびきって自覚症状に
乏しいんですよねぇ。
んご…
むくっ

●外部騒音

道路交通騒音、鉄道騒音、航空機騒音、工場騒音、建築や道路工事騒音、近隣騒音(学校や工場のチャイム、波の音、川の音、宣伝カー)

騒音の感じ方に関しては個人差が大きいといわれていますが、音の大きさを測る騒音計を使えば、どの程度なら許容範囲かの目安を知ることができます。欧州WHOが夜間騒音のガイドラインを発表しており、それによれば、「三〇デシベル未満は夜間騒音の影響が生じないレベル、三〇〜四〇デシベルは睡眠に対して多くの影響が生じる。しかし、その影響の程度はそれほど大きくない。四〇〜五五デシベルは健康に悪影響が生じる。多くの住民は夜間騒音に適応するために生活を変更しなければならない。五五デシベルを超える値では、高頻度で健康影響が生じ、相当数の住民が不快感や睡眠妨害が生じる」と報告しています。

三〇デシベルというのは非常に静かな状態です。四〇デシベルで特に気にならないレベル、静かな事務室や図書館の閲覧コーナーでは四五デシベル、食堂で五五デシベル、掃除機が七〇デシベル、ピアノの音は意外に大きく八〇〜九〇デシベル、これはパチンコ店や地下鉄の車内と同じレベルです。ロックコンサートのスピーカーの前では一一〇〜一二〇デシベルの音が出ているといいます。

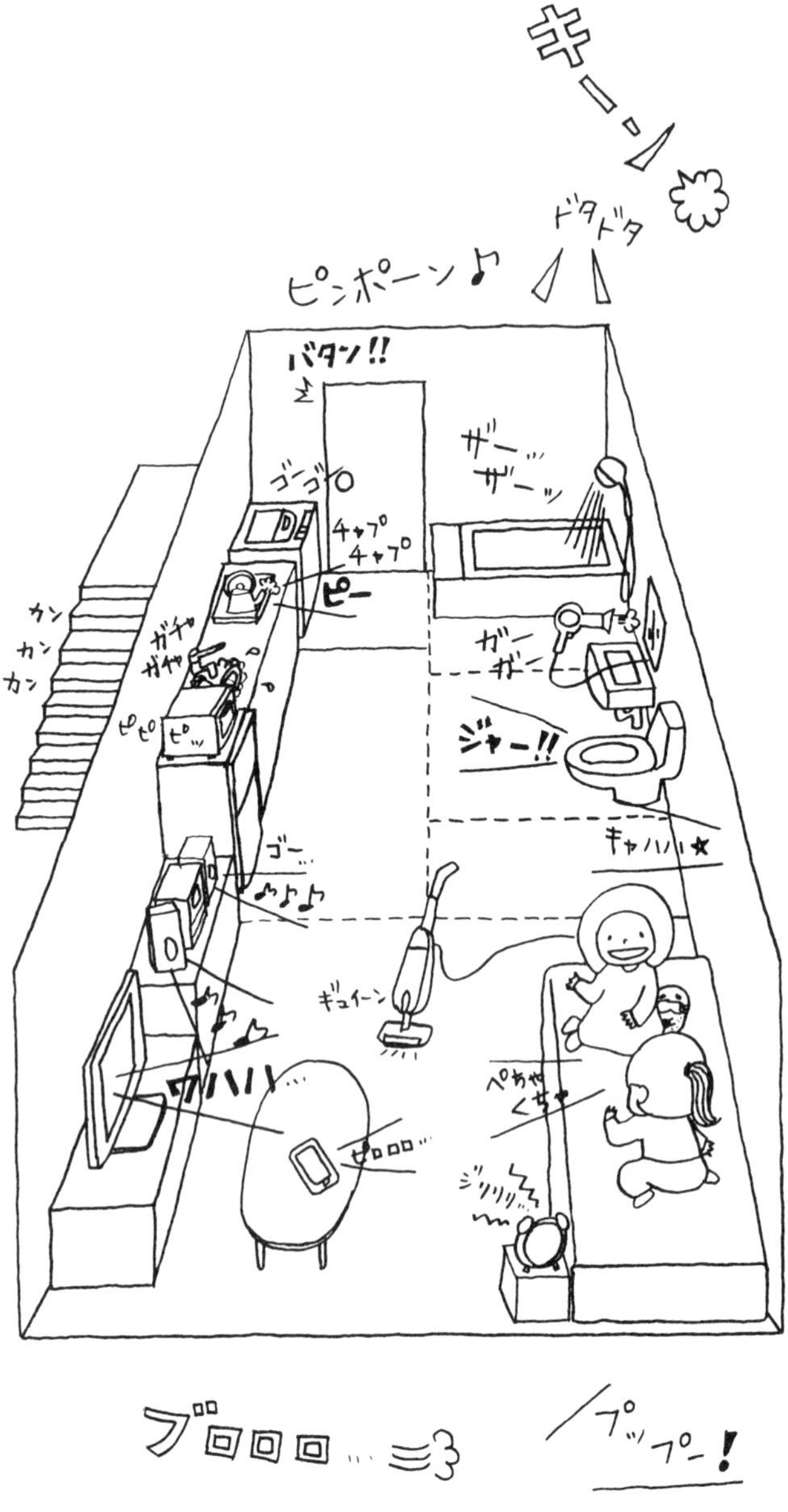
キーン
ドタドタ
ピンポーン♪
バタン!!
ゴーゴー
ザーッ
ザーッ
チャプ
チャプ
ピー
カン
カン
カン
ガチャ
ガチャ
ピピ
ピッ
ガー
ガー
ジャー!!
キャハハ☆
ゴー…
ギュイーン
ワハハ…
ピロロロ…
ぺちゃ
くちゃ
ジリリリ…
ブロロロ…
プップー!

静かさを取り戻すために、不快と感じる音を排除する四つの方法について見ていきましょう。

まず、音源の騒音レベルを下げることです。建物自体だけで遮音するのは大変です。現実的には住民間で生活音に配慮するのが一番です。家庭内の約束事を決めたり、住民同士のトラブルを避けるために自治会や町内会、マンション管理組合を通してルールをつくったり、行政の窓口である環境保全課、公害対策課などに相談する方法があります。

二番めは音源からの距離を大きくとること。音はいずれなくなります。まずは自分ができるところからです。

三番めは、遮音すること。建物各部の遮音性能を上げるためには、壁は緻密で重い材料を使用し、窓には厚みの異なるペアガラス、あるいは一〇センチメートル以上の間隔をあけた二重窓、床は振動しないしっかりした構造で表面には音を抑える材料を用います。お金がかかる割にはそうそう完璧というわけにはいかないのが現状ですので、効果は限定的と割り切る必要があります。ピアノ教室を開設する場合や日常的な騒音に関しては、役所などに騒音に関する窓口がありますので、事情を話して相談してみましょう。音の大きさを測ってくれたり、トラブルの解決にも乗り出してくれることがあります。

四番めは配水管からの騒音や送風ダクトの途中や吹き出し口の吸音をする方法で、配管を天井から吊る金物に防振ゴム付きを使ったり、ダクトを吸音材でくるみます。

音には空気を振動させて伝わる空気伝搬音と個体を振動させて伝わる個体伝搬音があります。人の声やスピーカーからの音は主に空気伝搬音ですが、スピーカーの低音パワーで内装が振動すると個体伝搬音となります。マンションの上階で人の歩く音が聞こえる場合は個体伝搬音です。ピアノの音は空気を振動させると同時に、振動がピアノの足を伝わり床に抜けるので、空気伝搬音と個体伝搬音の両面での対策が必要となり、防音がとても難しいことがわかります。隣り近所はもちろん家族への配慮も必要です。防音工事は安請け負いの試作工事というわけにはいきません。経験豊かな信頼できるプロに依頼するのが無難です。良い音環境は長時間練習しても疲れが少なく、音の響きに敏感になるなどの大きなメリットがあります。

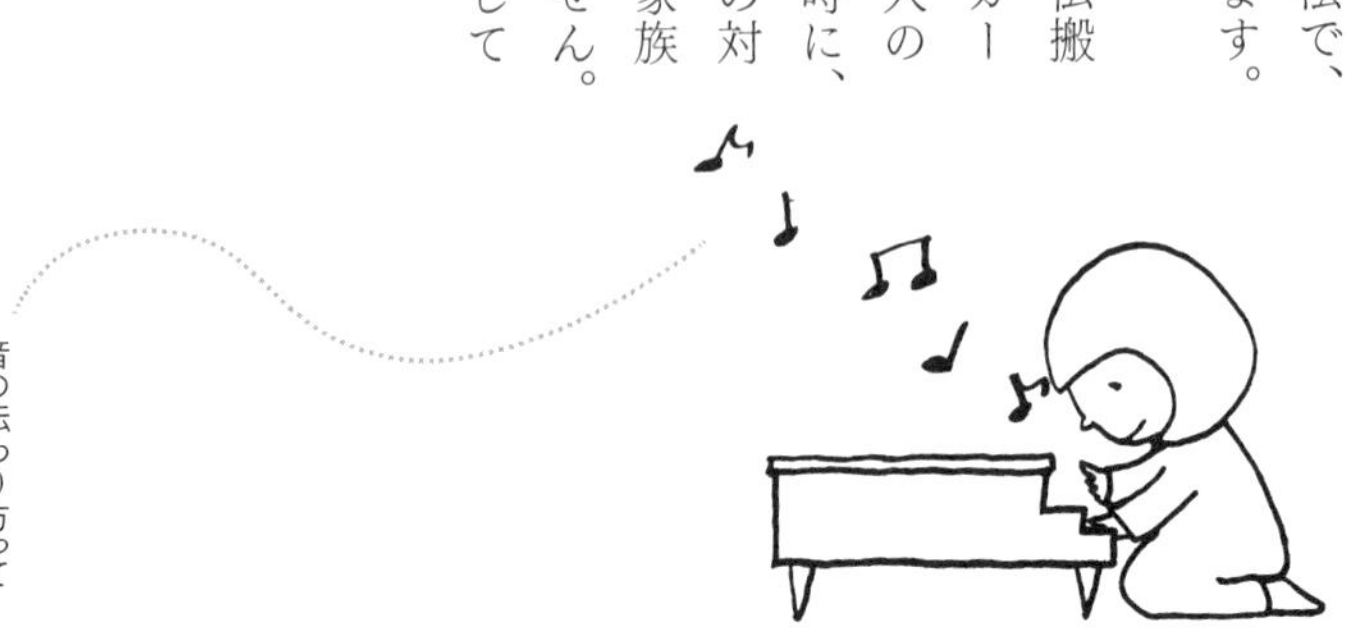

音の伝わり方って…

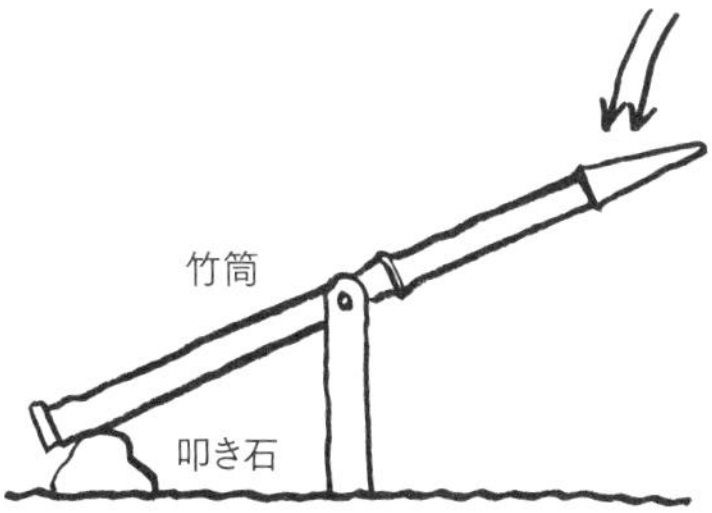

日本庭園には「ししおどし」といって
間合いをとって音を出す仕掛けによって
静かさをひきたたせる手法があります。

8　音環境をコントロール

快適な室内環境はいろいろな条件があり、音環境は快適に仕事をしたり、くつろいだりするための基本条件のひとつです。そのため、音環境だけを突出して、無音、あるいはそれに近い状態にすれば、聴覚の感度が異常に高くなり、自分自身の発生する生活音がいつもより大きく感じたり、自分の呼吸音も気になるなど極めてストレスの高い状態になってしまいます。

音楽鑑賞や歌を歌ったり楽器を演奏することは、気持ちをコントロールするのにとても便利です。音楽を味方にして暮らしを豊かにしていきましょう。

自分好みの音楽でリラックス、ストレス解消、気分転換、仕事の効率向上が期待できますし、あるいはラジオ体操も意外と効果があります。

音楽とのつき合い方も受け身ではなく、自分が中心となってうまくコントロールしていきたいものです。何かしながらＢＧＭとして音楽を流すのであれば、音楽が終わる時間を決めておいてスタートさせれば、意識を切り替えるためのタイマーとなります。自分好みの音楽がたくさんありすぎる人は、自分好みの音楽を季節にあったものに限定してみましょう。そのなかで、日常的に意外性の少ない音楽や逆

に刺激的な音楽、意外性と単調性を備えたものなど、ジャンル分けやランダム選曲ではない音楽のゾーニングの方法もあります。置かれた状況のなかで、目的に合ったリラクゼーション、リフレッシュ、覚醒、おもしろみ、意外性、楽しみ、感動を得るなど、状況に合った音楽を選びます。三か月に一度くらいの割合で音楽メニューを一新させてみるとライフスタイルにも新しいリズムが生まれます。

商業空間でもさまざまな工夫があります。まずは店舗イメージにあったＢＧＭや環境音楽など用途に合った選曲がなされています。たとえば明るいイメージや販売促進にアップテンポの曲を、逆に落ち着いた高級感を演出する場にあった音楽を流すとか。子ども向けなら楽しい音楽、カフェやレストランではくつろぎ感を演出、病院では緊張緩和する環境音楽でしょうか。お店のお手洗いで音楽が流れることで雑音を和らげる効果もありますし、ホテルでは足音を消すために毛足の長いじゅうたんを使うこともあります。

このように、暮らしに役立つ音といえばたくさんありますが、本当に役立つのは身を守ることや非常時の活用です。

目覚ましの音楽や目覚まし時計、踏切、駅での発車の合図、サイレン、救急車、非常ベル、火災警報器、緊急災害情報、人の声、会話、合図、チャイムやサイン音など、私たちは耳を二つもつことでどの方向からの音かを感知します。夜になれば目を閉じて床につきますが、耳を閉じることはありません。身の安全を守るために耳は休まずアンテナを立てています。

現代人は室内で過ごす時間が多くなっていますので気分転換も大切です。お散歩で季節にあった身近な音を見つけるのはいかがでしょうか。

春は小鳥のさえずり、風にそよぐ木々の音、小川のせせらぎ、夏は花火やお祭り、太鼓の音、夕立の雨音、秋は虫の声、運動会の歓声、落ち葉を踏む音、電車旅行で電車のゴトンゴトンというリズム、冬はクリスマスやお正月の音、カラオケで発する歌声……自分を活性化させるヒントは身近にあるものです。

自分好みの朝の音楽、昼の音楽、夕方の音楽、夜の音楽、ラジオから流れるなつかしい音楽・新鮮な音楽、音楽をかけることで気持ちが切り替わりリラックスしたり作業がはかどったりします。自分の生活リズムにのせてセルフプロデュースをしていきましょう。

残したい日本の音100選

「かおり風景100選」も
検索してみましょう

第三章　運命を変え、あなたの価値を高めるインテリア

どうにも見えにくい未来
ですから
自らつくっていきましょう

1　目のつけどころ

どこかの宇宙人があなたの行動を観察していて記録に残しているとしたら……。その宇宙人が研究者なら、あなたに気づかれることなく日常生活を延々と監視しつづけ、人間理解の基礎データとするでしょう。でも、その宇宙人がテレビリポーターだったら……、とらえ方が全く違うと思いませんか。さて、どんなリポートになるでしょうか？

自分が持つ自分のイメージと、他者から見たあなたのイメージには当然ながらズレがあります。そして、あなたが他者を見るときには一定のフィルターがかかります。自分の感情や意見をありのままに伝え、人とうちとけたり関係を深めることを自己開示といい、自分の印象をよく見せようと振る舞うことを自己呈示といいます。自己呈示は、自分の印象を操作するわけですが、これは偽りの行為でしょうか。いいえ、この自己呈示というのは本来自分のあるべき姿を相手にプレゼンテーションすることですので、ごまかすことを指しているわけではありません。実際に自分のなりたい姿やあるべき姿を他者に見せることで、本当に自分自身が理想に近づいていくことがあります。

「セルフプレゼンテーション」

自分では気づかずに他者から見られている領域を相手から引き出すのに最適なのが飲み会です。飲み会はちょっと苦手という人は、自分の舞台裏である自分の部屋に人を招いてみてはいかがでしょうか。そこでのコミュニケーションを通して自分も気づかなかった自分自身を知ることにもなります。自分の趣味の話だけにとどまらないで他者の言葉に耳を傾ける謙虚さも大事ですが。

家族の集まる部屋はパブリックスペース、自分の部屋はプライベートスペース、これが一般的な現代住宅です。しかし、人を招くとなれば自分の部屋はパブリックスペースとなります。あわてずに少し整頓しておきましょう。

ここでひとつ問題です。普段は身近にあって目に見えているのに、人を招くとき見えなくなるものはなんでしょうか?

つまり、インテリア雑誌に映ることがないものといえば……。

掃除機?

もっとありますね。

もっと身近でとっても活躍するもの……、答えは、さっとひと拭きタオルやさっとひと掃きブラシです。

どのように大活躍しているのかというと、それは日常的に「行動を誘発する仕掛け」となっていることです。

ホームステイをすると
自分の生活を他者に
たくさん説明しますので
話す力がつきます。

暮らしの達人は汚れをためません。それは気がついたところをさっとひと拭きしているからです。掃除というよりも日常生活のなかであちらこちらを撫でている感じです。その道具であるさっとひと拭きタオルやさっとひと掃きブラシは、さっと使える場所に指定席があります。そして、人を招くときはそれをさっと片づけます。

人を招くとき、ほとんど掃除の必要がなく、ちょっとだけお片付けというのが理想です。掃除は掃いたり汚れを除いたりすることですので他の人にお願いしてもできることですが、お片付けはあなたでなければできません。お片付けを通して、「この先どうありたいのか」が表われます。今の自分好みは永遠ではありませんから、次第に飽きて「これはそろそろ卒業かな」というものが出てきて、そういうことに気づくことがお片付けの楽しさでもあります。

あなたのお部屋のゾーニングはいかがでしょうか、ものには指定席が用意されていますか。ときどき一定の入れ替えを行い、風通しのいい暮らしを心がけましょう。自分だけでなく話し相手の心と体と時間の使い方にもいつもとは違った刺激を与えることにもなります。

2 近い将来を見据えつつ物語をつくる

一つの出来事や物語には始めがあって終わりがあります。その一連の流れをプロジェクトと呼んでみます。お友達を招いてパーティプロジェクト、手軽にピクニックプロジェクト、旅行プロジェクト、お勉強や資格取得も段階ごとにプロジェクトです。そのプロジェクトをいくつも体験してライフスタイルを更新していきましょう。

では、プロジェクトの計画・実行のプロセスは、どうするとうまくいくのでしょうか。

プロジェクトをうまく展開していく（マネジメントする）ためには、「Plan Do See」の考え方が役に立ちます。この循環型プロセスの活用のコツをちょっとご紹介します。

自分がなにかを始めるとき、たとえば資格をとろうという時にはまずは実際にやってみる、これがＤＯ、そして点検・振り返りこれがＳＥＥ、次の計画準備がＰＬＡＮとなります。

人とかかわりながらなにかを進めるときにはＳＥＥからスタートします。他の人がどう考えているか、どんな能力をもっているのかを点検のＳＥＥ、次に計画であるＰＬＡＮ、そして実践のＤＯ。プロジェクトをこのようにPlan Do Seeサイクルの型で進めると考えや行動を整理しやすくなります。

［Plan-Do-See 計画・実践・振り返りサイクル］

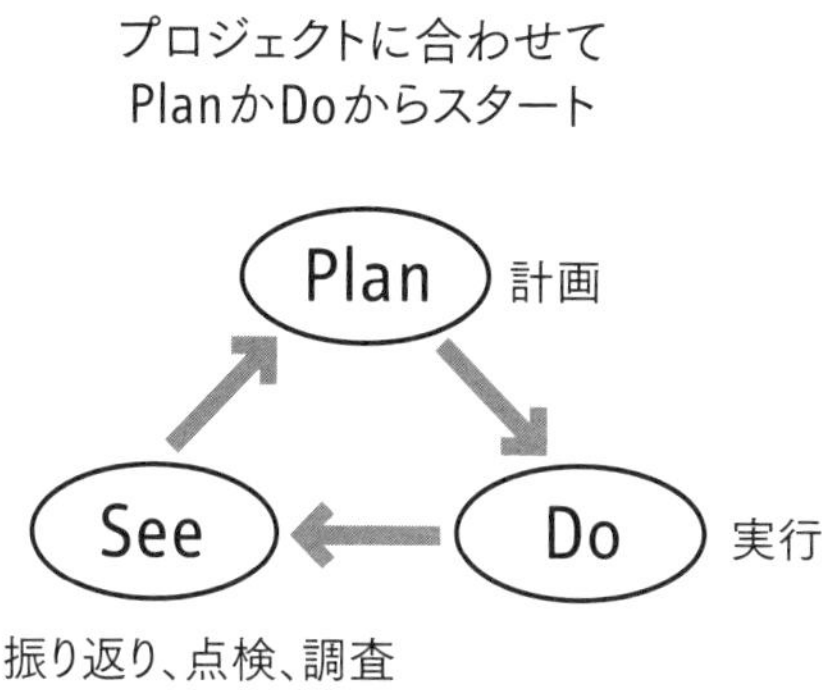
プロジェクトに合わせて
PlanかDoからスタート
Plan
計画
Do
実行
See
振り返り、点検、調査

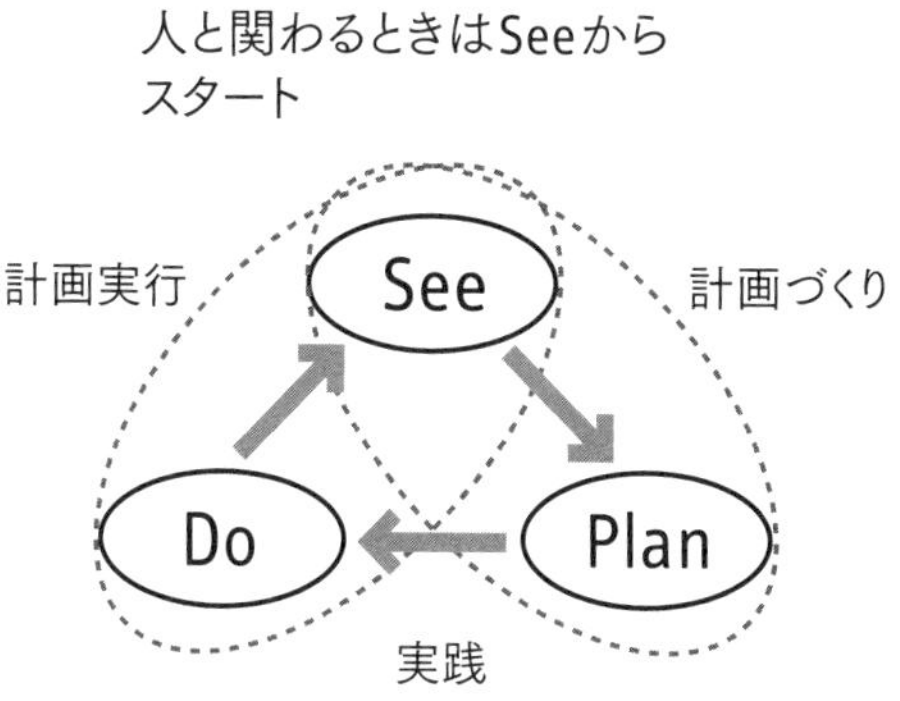
人と関わるときはSeeから
スタート
計画実行
See
計画づくり
Do
Plan
実践

この考え方を、インテリアコーディネートにも活用してみましょう。

お友達を招く場合、人と関わるときはＳＥＥ（点検）からスタート、初めて訪れる友達の気分になってお部屋を見回してみます。次にＰＬＡＮ、見せるもの、収納するものを決めメリハリをつけます。そしてＤＯ、余計なものを外に出さず自分らしくすっきりまとめます。

「Plan Do See」は日常の模様替えや整理整頓でも活用できます。

ＰＬＡＮ：テーマ（お宝やテーマカラー）を設定し、ゾーニングをした上で大きいもののポジションを決めます。

ＤＯ：一気にやろうとせず、日付を決めて計画的に実践しましょう。

ＳＥＥ：次の行動、展開に向けて使いやすくしておきます。掃除はしやすいか、整理された状態が保てるかがポイントです。

自分だけのプロジェクトは、考えて止まっているより、実践してみて修正・更新を重ねた方が効果的です。完璧を目指さず、まずはＤＯからスタートしてみましょう。模様替えプロジェクトで気分転換や季節の演出を楽しみ、あなた自身の活力となることが理想です。

●インテリアコーディネートにも活用してみましょう

◎See

初めて訪れたお客様の気分になって
家じゅうをじっくり眺めてみる

↓

◎Plan

お客様の視点で整理整頓をしてみる
見せるもの、収納するものを決め、
メリハリをつける

↓

◎Do

余計なものを外に出さない
テーマを決めてテイストを統一
(クラシック、カントリー、モダン)
家全体を一つのセンスですっきりまとめる
掃除がしやすいように整える

●大人の整理整頓　Plan-Do-See

◎Plan

安全、健康に配慮したゾーニングの上、
大きいものからポジション（定位置）を
決める

↓

◎Do

整理された状態を習慣化し
あふれたものは、こまめに処分や
入れ替えを行う

↓

◎See

気分転換、季節の変わり目など
メリハリをつけて暮らしに活力を
与える

一歩一歩経験値を上げて素敵に年齢を重ねたいものです。時間を刻むことをエイジングといいます。年を取っていくことを劣化や老朽化に向かうといった負のイメージでとらえることが多いのですが、一方で日本の伝統的美意識といわれてきた「わび・さび」のようにプラスのイメージでとらえることもあります。

日常的には、生ものは空気にさらせば鮮度は落ちますし、色ものに紫外線を浴びせたら色褪せてしまいます。そんな状況下で魅力アップを図る方法を二つ紹介します。

一つめは、貴重なコレクションであればプチ美術館さながらにお宝は丁寧に収納し、小出しに選抜してコーディネート・展示をします。そうすれば長持ちさせることができ、出した瞬間に新鮮さもよみがえります。ディスプレイと収納がポイントです。

二つめは、名付けて「ノコギリ大作戦」、次ページの図を見てください。

何もしなければ劣化が進み、一定の降下ラインとなりますが、一定間隔で使ったり撫でたりするだけでそれらは使用中・活用中となり、概念図で示すように、ノコギリ型のラインで落下を防ぎじっくり使い込んでいくことができるようになります。このことは住まい全般についても言えることで、設備や塗装などこまめな手入れ、メンテナンスをすることで老朽化を抑え長寿命になることの説明に使われます。

時の変化とともにじっくりと楽しむ、じっくり使い込んでそのものを生かす、そんな前向きなエイジングの方法です。

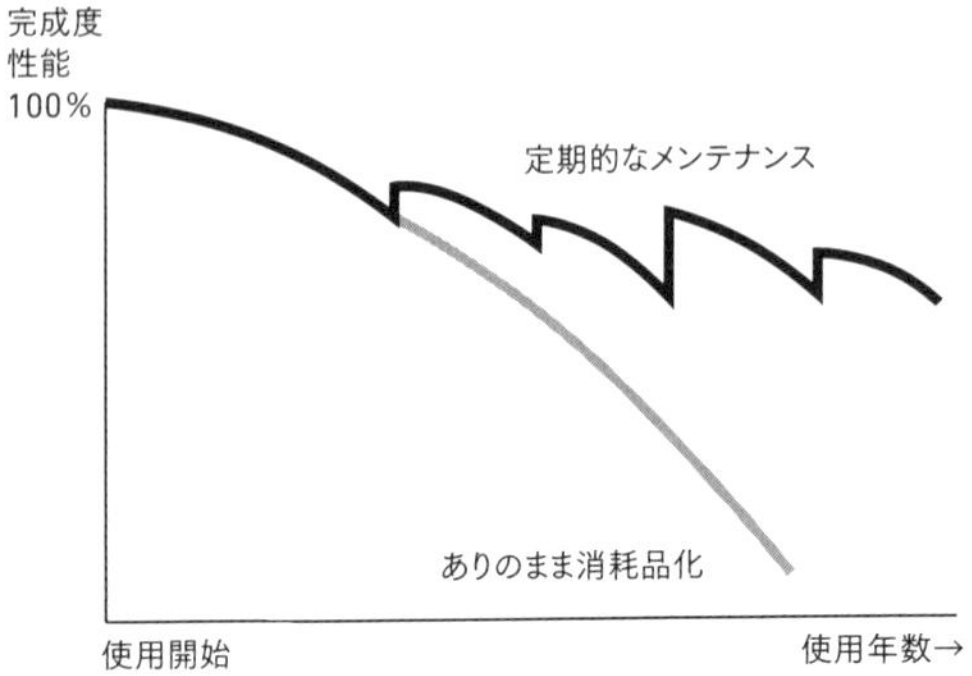

【ものの耐久度曲線】

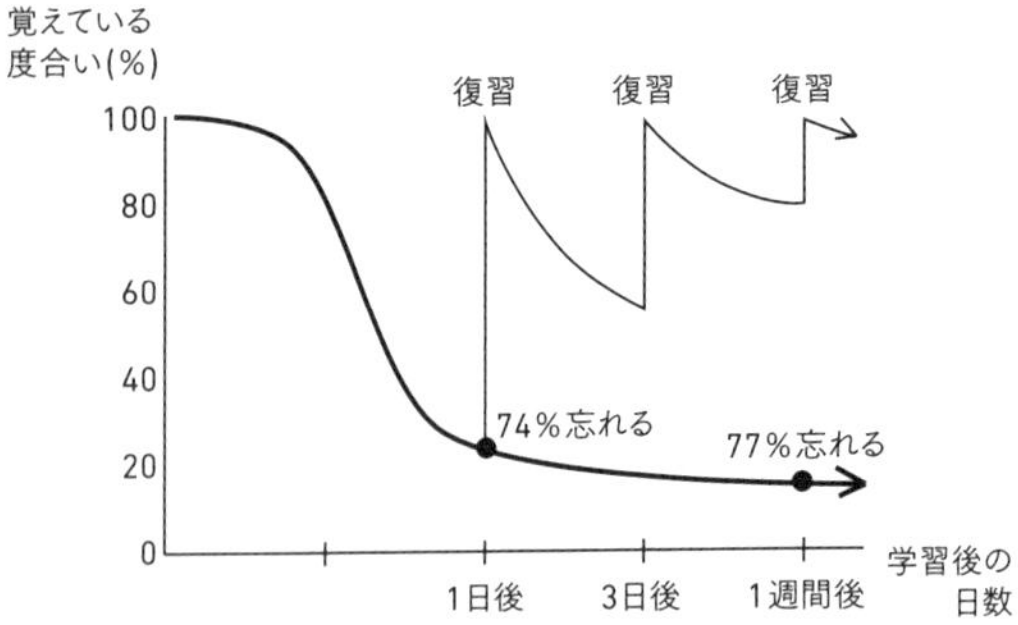

【忘却曲線(概念図)】

ついつい気楽に買ってしまったものや安さにつられて買ってしまったときの言い訳は「捨てても惜しくないし」ではないでしょうか。でも手に入れたご縁ですから、どうにかしっかり使いきりたいものです。

一方、つくる側・提供する側が、末永く楽しんでほしいので「メンテナンス体制がしっかりしてます」とPRしているものであれば、たとえ高価でもまず失敗なく楽しむことができます。お買い物の前にちょっと時間をかけて調べ、計画的に手に入れる、手に入れたらちょっとした手入れ、メンテナンスで味わいを深める、そんな時間の積み重ねを感じ味わう「熟成エイジング」「エイジングの美」を楽しんでみませんか。真の豊かさとはそんなところにあるのではないでしょうか。もちろん会話に深みが増すこと請け合いです。

あたりまえのことを馬鹿にせずちゃんとやる。も忘れずにね
大人のABCといえばエイジング・バランス・コミュニケーションかぁ…

3　ライフライン

あなたは、身の回りに頼りになる人、心の通い合う人が一人もいない状態を想像できますか。現在まっただ中？？　そんな人もそうでない人も、離れ小島の独り暮らしをイメージしてみてください。

さて、生活で不自由なこと、困ることといえば何でしょうか。身の安全、食料、心の平穏、不便……。

不便といえば、水道、トイレ、お風呂、火の取り扱い、停電、交通手段、お買い物、明日の見通し、プライバシーなどたくさんあります。

テント暮らしも一晩なら何とか乗り越えられるでしょうが、連泊となると日々ぐっときつくなっていきます。ましてや電気がなく、水道や排水設備も使えないとなるとなおさらです。このような電気、ガス、水道、インターネットなど生活する上で必要な諸設備をライフライン（命綱）と呼びます。

インテリアは単なる箱ではなく多くの知恵と技術の結晶です。壁も床も天井も見た目だけの美しさだけでなく、耐久性や熱をコントロールするなどの工夫があり、ライフラインとつながる配線や配管が壁の中や床下、天井裏を通り、多くの設備が

快適な暮らしを支えています。

　機械的にコントロールをして快適さを追求する実験的住宅は続いていますが、いずれにしても目指すものは住宅や生活の完成形ではなく、どういう生活を持続するかの追求です。

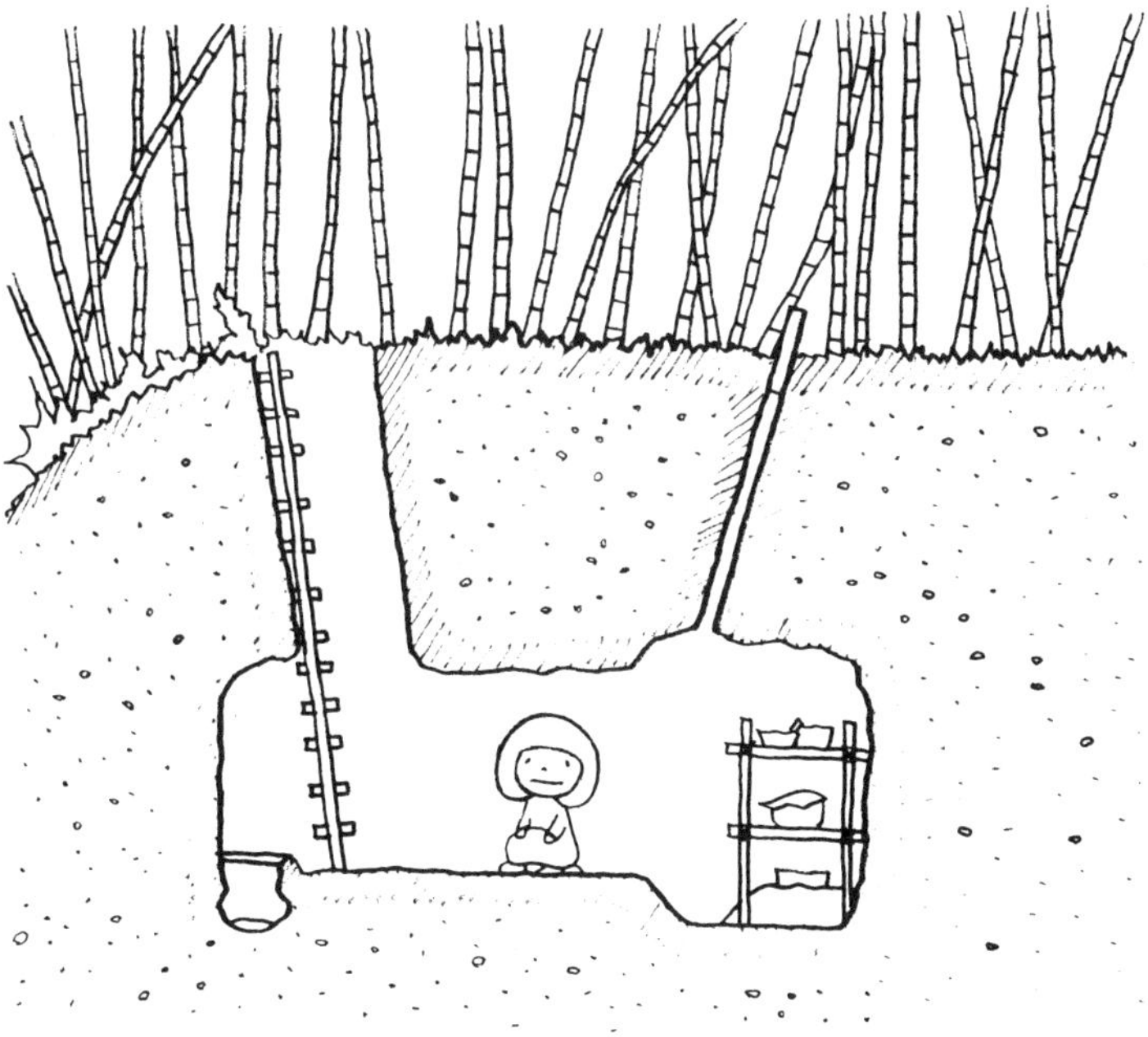

生きのびるための空間：グアム島の横井ケイブ資料より作図

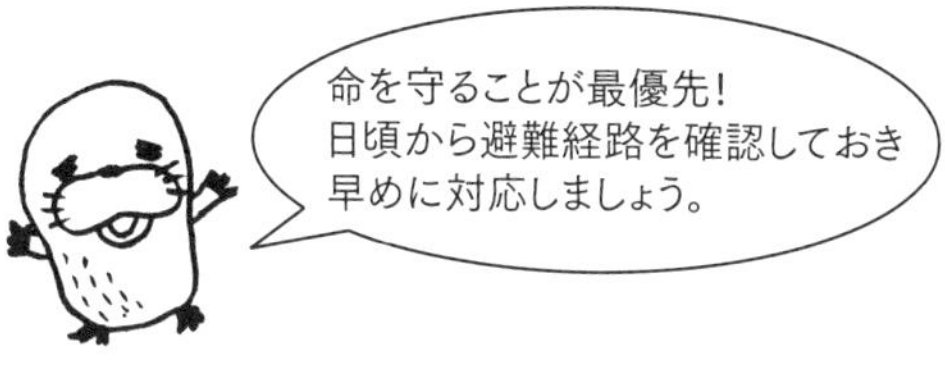
命を守ることが最優先！
日頃から避難経路を確認しておき
早めに対応しましょう。

これまであたりまえに使っていたものが思いがけず遮断され、現状維持ができなくなることがあります。ひとたび大惨事となれば自分の判断力が試されます。日頃から少しずつ免疫をつけて自分センサーを磨くことが大事です。

災害時の想像力を引き出し、鍛えるゲームに「クロスロード」があります。岐路に立ったときの自分の考えと他者の考えを出し合い、社会的現実を共有するユニークな防災教育手法ですが、ここでは一人遊びふうに試してみましょう。

では質問です。

> あなたは、おばあちゃんと夫婦と子ども一人の四人家族、小川沿いの低いところに住んでいます。激しい雨が降りつづき、さらに今夜はすごい雨になる予報です。夕方四時、防災無線から避難情報が流れてきましたが、はっきり聞き取ることができません。停電の不安も心をよぎってきました。今すぐに避難を始めますか？

以上の問題をグループで試すと自分の考えと異なる人がいて、相手の考えを聞いてみることで個人のもつ体験度合いや価値観の違いが明らかとなり、より主体的に考えることになります。「クロスロード」では、わたしたちのだれしもが当事者にな

洪水ハザードマップと
浸水ハザードマップの
点検はしたものの…

りうる災害を取り扱っていますので、定期的に想像力を鍛えるには最適です。自分のできることは限られるものの、けっして小さくないことに気づくでしょう。

天気を変えたり自然災害をなくすことはできませんが、危険に備えたり災害について思い巡らすことはできます。忘れそうになったときにハッと気づき、そのつど備えることで生き延びる知恵が蓄積されていきます。

自分でしなければならないこと、した方がいいこと、自分でできること、最優先でしておきたいこと……、暮らしのなかではいろいろな想像力が必要です。

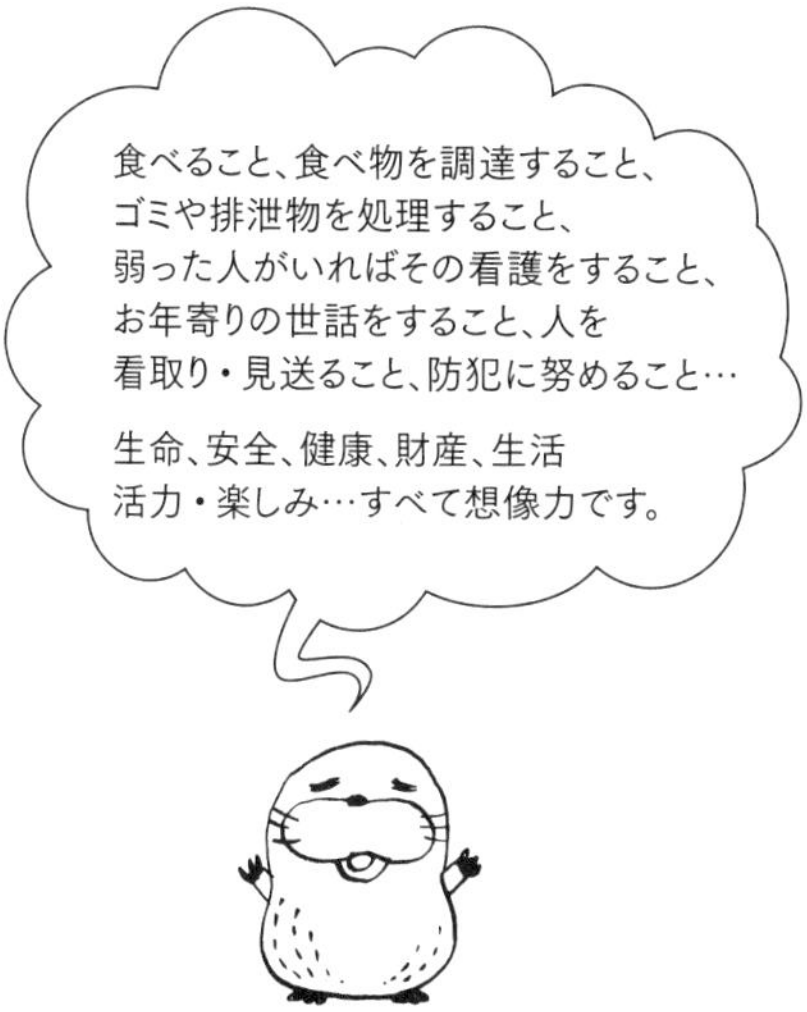
食べること、食べ物を調達すること、
ゴミや排泄物を処理すること、
弱った人がいればその看護をすること、
お年寄りの世話をすること、人を
看取り・見送ること、防犯に努めること…
生命、安全、健康、財産、生活
活力・楽しみ…すべて想像力です。

[電気と水道の引き込み]

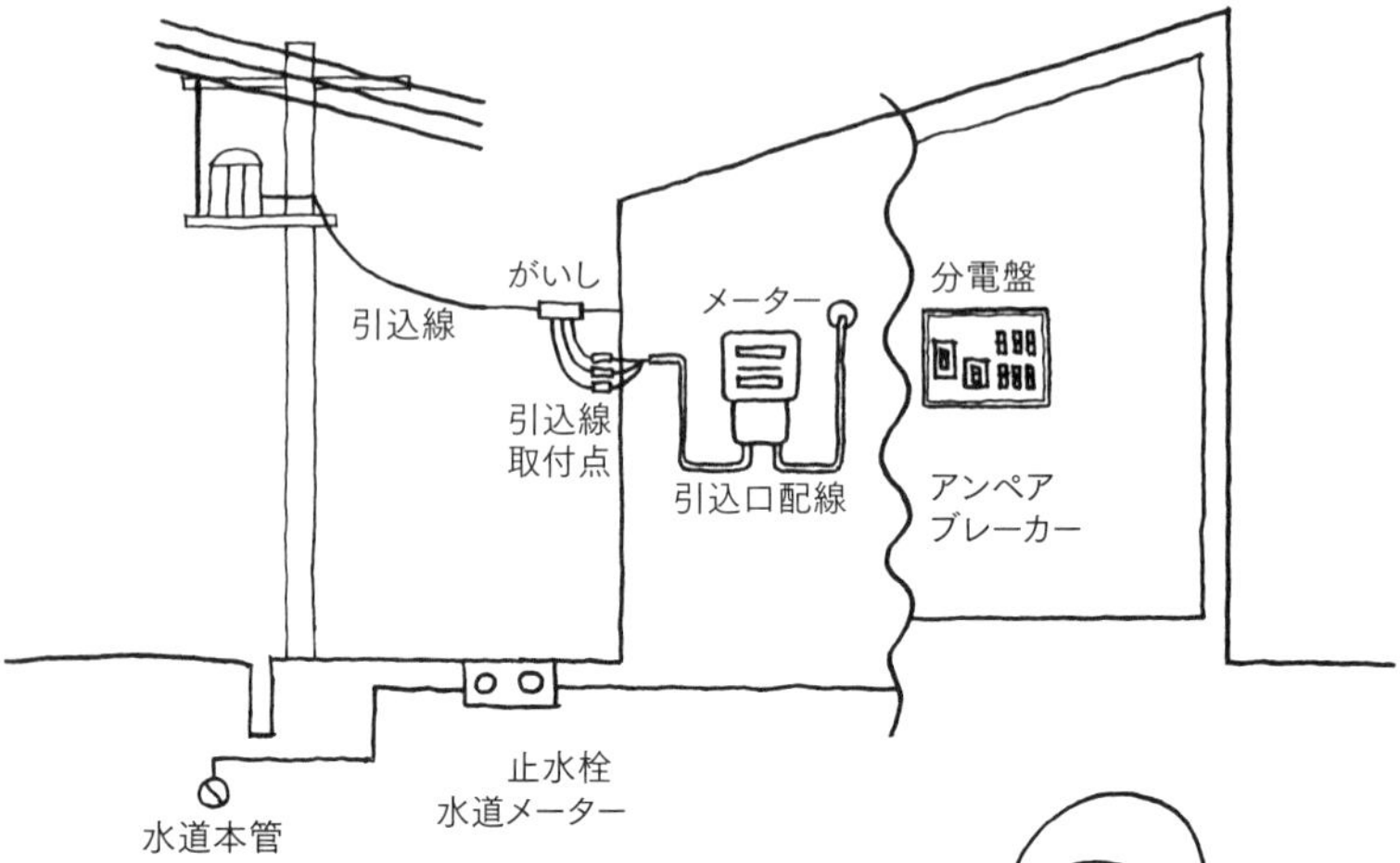

がいし
引込線
引込線
取付点
メーター
引込口配線
分電盤
アンペア
ブレーカー
止水栓
水道メーター
水道本管

電気やガス、水道などの供給施設をライフライン、またはインフラ(インフラストラクチャー)と呼び、各家庭に引き込むことで快適な暮らしを維持しています。

自助＝自分で自分を助けること

共助＝家族、企業や地域コミュニティで共に助けあうこと

公助＝行政による救助・支援のこと

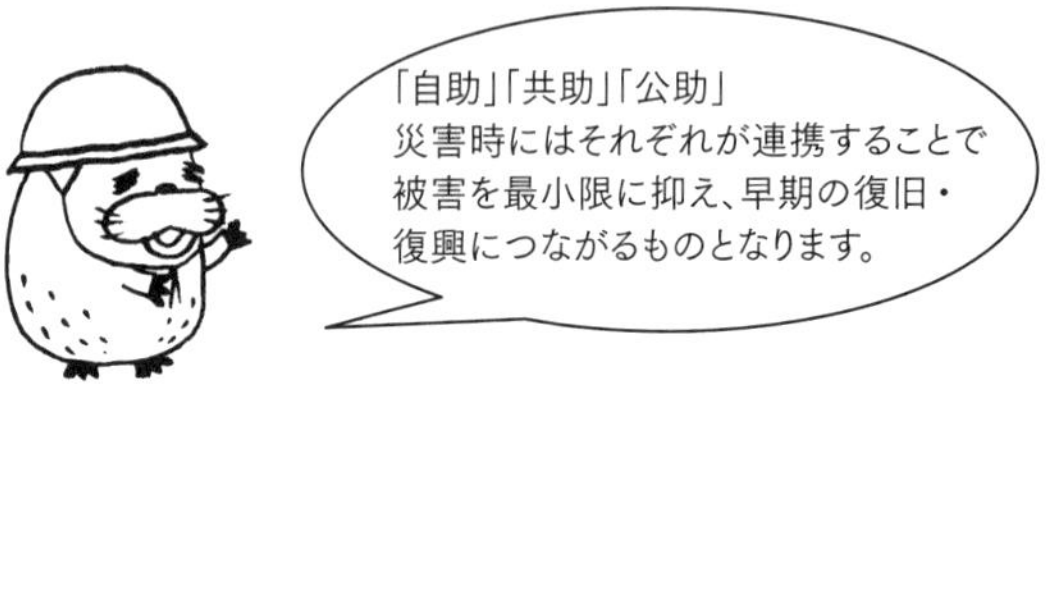

「自助」「共助」「公助」
災害時にはそれぞれが連携することで
被害を最小限に抑え、早期の復旧・
復興につながるものとなります。

[非常時用持出し品]
携帯ラジオ
懐中電灯
予備の乾電池
笛（ホイッスル）
飲料水
非常食（3日分）
スプーン・はし・コップ
ライター・マッチ
多機能ナイフ
ティッシュペーパー
トイレットペーパー
生理用品
ビニール袋
ビニールシート
救急薬品・常備薬
保険証・免許証
（コピー可）
現金（硬貨も）
筆記用具・ノート
タオル
下着・くつ下
毛布または寝袋
雨具
手ぶくろ
ヘルメット・防災頭巾
リュック
1〜2日分は自分たちでなんとかしなくちゃね。

4　変えられるものと変えられないもの

暮らしのなかでの習慣には、いっぺんに変えられるものと変えられないものがあります。

食習慣を変えるなら、まずは二週間を目標にして、よく噛むとか腹八分目とか薄味に慣れるとか、ある程度定着させた上で習慣にしていくのがいいようです。このような生活習慣は一度にたくさんのことを始めると続かないので、一度にひとつと決めた上で継続し、定着させたらまた新しいものを取り入れるようにしましょう。ひとつのプロジェクトはひとつのノートに記録して自己管理をすることがおすすめです。

こういった管理にはバインダーノートが便利です。記録することで悪習慣に気づいたり、重荷となっているものをきっぱり捨てたり諦めたりして優先事項を変えていくことになります。

では、生き生きインテリアを楽しむためのおすすめ習慣といえば……。

「今よりほんの少しだけ早起き」というのはいかがでしょうか。

2割のゆとりって
腹八分目のことね～
生活習慣にするのが
ポイントですよね。
養生訓

主体的に時間をつくり出そうとするなら一日のスタートを早める、それも朝からトップスピードで一日をぎっしり使い込むために……。でも、そううまくはいかないのが普通だと思います。

もう一度、考え直して「朝の楽しみをつくり出す」ではどうでしょうか。

近ごろよく耳にするようになりましたが、朝のイベントで脳を活性化させる「朝活」プロジェクト。たとえば、早朝ウォーキング、朝のエクササイズなどでいつも感じたことのない新鮮な空気を吸ってみる。あるいは朝風呂で自分スイッチをオンにして、しっかり空腹体験をしてみるのはどうでしょう。ほかにも、その場の空気が変わるくらいお部屋をスッキリ、あるいはお花を用意して特別な朝ごはんを楽しむ。自分スタイルで朝遊び（夜遊びからの転換）、ペットとのひととき、お花の水やり、早起きをした自分へのご褒美を用意などいろいろありますね。「とても無理無理」と決めつけてしまわず、やってみて振り返り、次の行動に生かしてみてください。新しいことにチャレンジすること自体がほめるに値します。今日という一日の目標に向かっていいスタートを切るあなたオリジナルのプロジェクトを生み出せたらしめたものです。

朝日を浴びて目を覚まし、今の自分にあったメニューで脳と胃袋を元気にして一日をスタートする、という習慣は自分自身の「活気」を生み出します。朝、自分が輝くためのインテリアというのはスッキリとしていて直ぐ何らかの作業が出来る状態です。少なくとも「目に付く」ところは夜のうちに整えましょう。自らに締め切りを課し、生活習慣が変わればおのずとインテリアも変わります。

さて、改めて質問です。自分の力で変えられるものと変えられないものは何でしょうか。いろいろ思いつくと思いますが、ここでは時間と人間と空間について、それぞれ考えてみます。

まずは時間軸で考えてみましょう。

現在と未来はあなた次第、その気になれば未来や運命は変えられます。

変えられるものに気づき、変えられるものを発見して自ら変えていけば、変えることができます。重い腰を動かすには頭か足を使います。

「今日は疲れちゃったから、ちょっと一息」これが多すぎないよう努めるためには自己暗示方法を活用しましょう。「ここで寝たら明日はない」とジャングルや雪山の遭難状態みたいに追い込むのはどうですか。ご褒美を用意して自分を動かしてもいいでしょう。自分スタイルの数パターンをあみ出して使い分けるのが効果的です。

では、過去はどうでしょう。過去は変えられません。ですから必要以上に過去をくよくよ嘆くよりも成長の糧としたいものです。そのためには「過去に対する自分の

想像力のキーワード
「間合いをはかる」

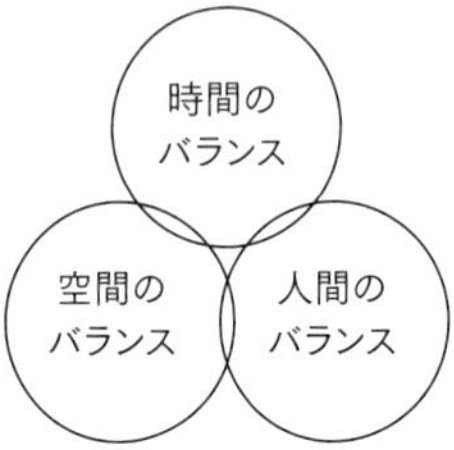
時間のバランス
空間のバランス
人間のバランス

考え方や態度は変えることができる」ということに気づき、「Plan-Do-Seeで自分を磨いていきましょう。

次は人間を軸に考えてみます。生活するための社会的基盤が整備された社会では、一人でも生活に支障がないと考えるかもしれません。

でも、騒音の発生やゴミ問題、ペットの問題など、被害者と思っていた立場が加害者側に替わっていることもありえます。ちょっと外に目をうつせば、身近な公園は誰かが手入れをしなければたちまち雑草やゴミだらけでやっかいなスペースとなりますし、誰かがそこに住み着いたらたちまち不安になるでしょう。安全・安心なまちづくり、災害時の対応など隅々まで誰かの支えや地域コミュニティが必要です。日常的に隣人とお互いを頼りにできるような関係を持ち、人は支え合って生きているという想像力は必要です。

三つめは空間についてです。家の建つ場所や周辺環境は簡単に変えることはできません。ですから住む場所選びというのは時間をかけて慎重に選ばなければなりません。川沿いや平坦なところでは洪水の危険があり、山間部や山村では土砂災害危険箇所があり、海沿いでは津波の危険があります。家のまわりの環境、家そのもの、家の中、どれをとっても残念ながら、文句ひとつつけることのない理想の環境とい

うのはないのですが、地域の体制や人の対応によって災害を未然に防ぐ方法はいくつもあります。まずは情報収集力がものをいいます。その地域がどんな歴史をもつのか、地震や台風ではどうだったのか、治安は大丈夫か。役所や昔から住んでいる人から正確な情報を得ましょう。あらゆる手を尽くしてそこに住むための作法を知り、安全で安心して生活が維持できる場所を選ぶべきです（一章「健康的で安全な場所、社会環境の優れた住宅地」五三頁参照）。学習を重ね、今いる場所と周囲の状況、そして家族の条件と自分の体力から、いざという時に、そこが自分にとって危険か安全かの状況判断があなたや大切な家族を救うことになります。

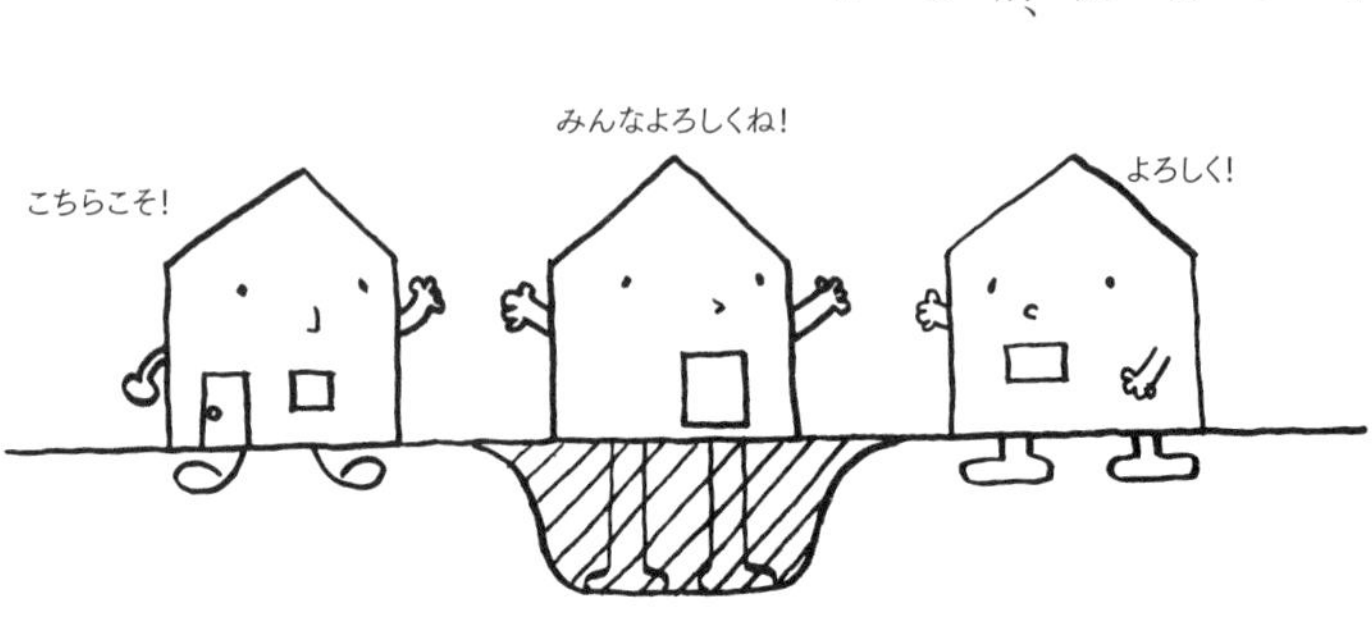

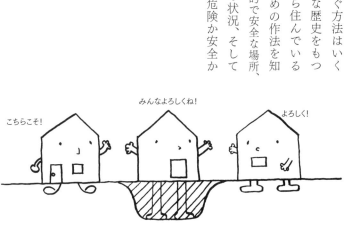

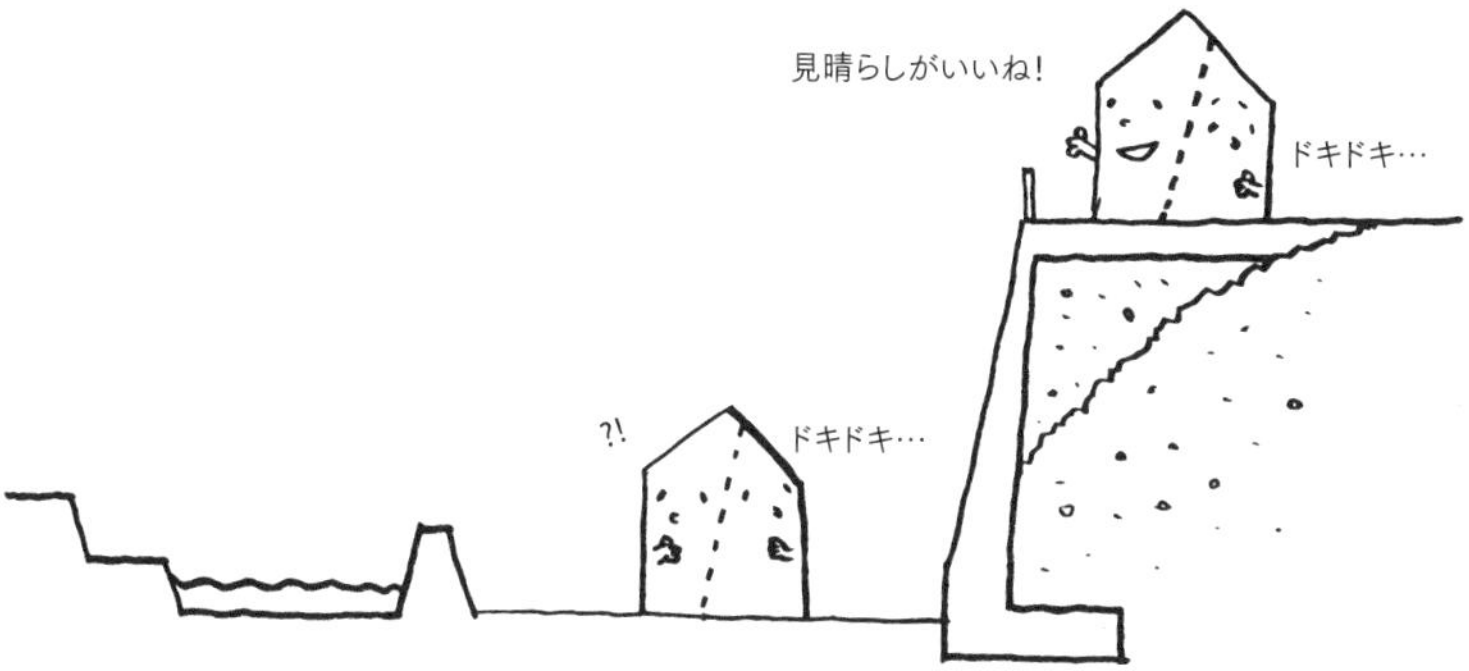
見晴らしがいいね!
ドキドキ…
?!
ドキドキ…

5 インテリアに潜む危険

ヒヤリ・ハットという言葉を聞いたことはありますか？

実際に事故には至らなかったものの、ヒヤリとしたりハッとしたりする体験を指します。室内でのヒヤリ・ハット事例について、女子大生に尋ねたところ、特に多かったキーワードは「階段」、「お風呂」、「ドア」、「小指」でした。

何か思い当たることはありませんか。

事故には起きやすい場所と種類があります。以下がその回答です。

ひんやり～
ヒヤリハットって
どんな帽子？
あ…いえ、
それはその…

①階段で
階段から足を踏み外して落ちかけた（×9）
階段から落ちてトイレのドアに突撃した
階段を上りきったと思ったらもう一段あって、コケた
階段を一段踏み外して、おもいっきり転んだ（×3）

②お風呂で
疲れすぎてお風呂で寝てしまい、溺れ死ぬところだった（×2）
お風呂場でやけどをしてしまった
お風呂のタイルにリンスが残っていて滑った
お風呂で滑って転びそうになった（×9）

③キッチンで、居間で
キッチンマットにつまずいた
じゅうたんにつまずいた

④玄関で
雨の日に玄関で滑った

⑤トイレで
便座を上げたまま座ってヒヤリとした（おちゃめ……）

えへへ…
そうなんだね。
ヒヤリ・ハットは
気づきのレポート
なんです。

⑥扉やドアノブで

扉が風に押されて、バンッ！とよく閉まる
ドアの下に段差があって、たまにつまずく
ドアを止めるストッパーにつまずく
ドアノブに洋服のサスペンダーが引っかかった
ドアノブにぶつかった
ドアにうっかり指を挟んだ（×2）
ドアに足の小指をぶつけた
ドアに顔をぶつけた
ドアに足の指を挟んで爪がはがれた
玄関のドアに指を挟んで爪がはがれた
トイレのドアで指を挟んで爪がはがれた

⑦家具で

家具の角に足の小指をぶつけた（×2）
ベッドの脚に足の小指をぶつけた（×2）
机の脚に足の小指をぶつけた（×2）
棚の留め具がとれて棚が落ちた
ソファの角に足の小指をぶつけた
引き出しの取っ手の部分に足をぶつけた

⑧消し忘れ

照明を消し忘れて寝てしまった
電気こたつを消し忘れて寝てしまった
電気こたつをつけっぱなしで外出してしまった

⑨ドライヤーで、アイロンで

ドライヤーから煙が出た
ドライヤーに髪の毛を巻き込まれた
アイロンを消し忘れてしまった
アイロンでやけどしそうになった

⑩落下

いきなり高い棚から物が落ちてきた
扉を開けたら包丁が落ちてきた
包丁が足下に落下した（×2）
ベッドから落ちた
棚の花瓶が落ちた

⑪引っかかる
台所の床下収納の取っ手が収まっていなかったため、足の親指を引っかけてしまった
屋根裏の天井に釘がでていて危なかった

⑫行為・行動
髪の毛を巻くコテの熱い方と持つところを間違えて握った
つくったグラタンを落としてしまった
友達がテーブルに手をついた瞬間、テーブルがひっくり返りお茶をかぶった
二階の窓から落ちそうになった
食べ物がのどにつまった
車に接触されそうになった(×5)
駅の階段から落ちそうになった

⑬遭遇
お風呂にナメクジが出没
お風呂にカマドウマ(便所コオロギ)が出没
お風呂場でゴキブリに遭遇した
歯を磨いていて鏡を見たら自分の後ろに、15センチメートルくらいのクモが……
夜トイレに起きたら洗面所で巨大ムカデ(20センチメートルくらい)を発見

ハインリッヒの法則によれば、一つの大きな事故・災害の陰には、二九の軽微な事故・災害があり、その背景には三〇〇のヒヤリ・ハットがあるとされています。事故防止のためには、日頃から事故や災害の発生が予測されたヒヤリ・ハットの段階で対処していくことが大切です。

心や感情が麻痺しないよう、心のヒヤリ・ハットにも気を配り、居心地のいいインテリアをつくっていきましょう。

1
29
300
1件の重大な事故・災害
29件の軽微な事故・災害
300件の
ヒヤリ・ハット

[ハインリッヒの法則]

まさか…
やっぱり?

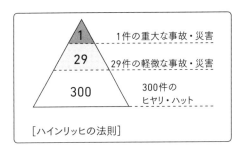

扉だけでなく、フックやレバーハンドルにも注意

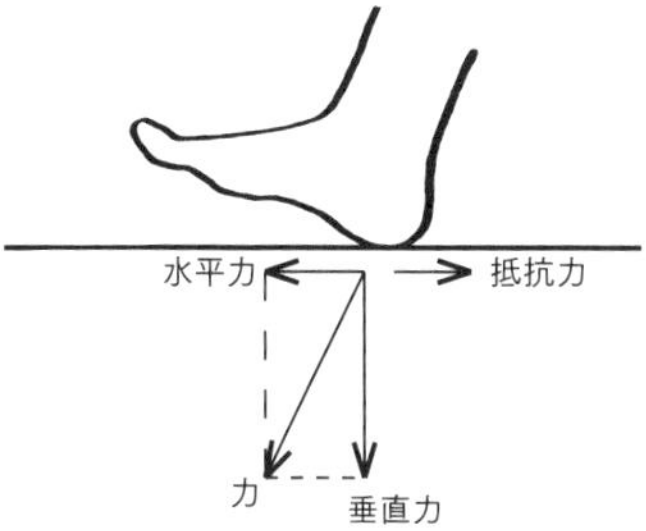

床にかかとが着くとき
滑ってしまうのは　水平力＞抵抗力

滑りやすい靴下やツルツル床に注意

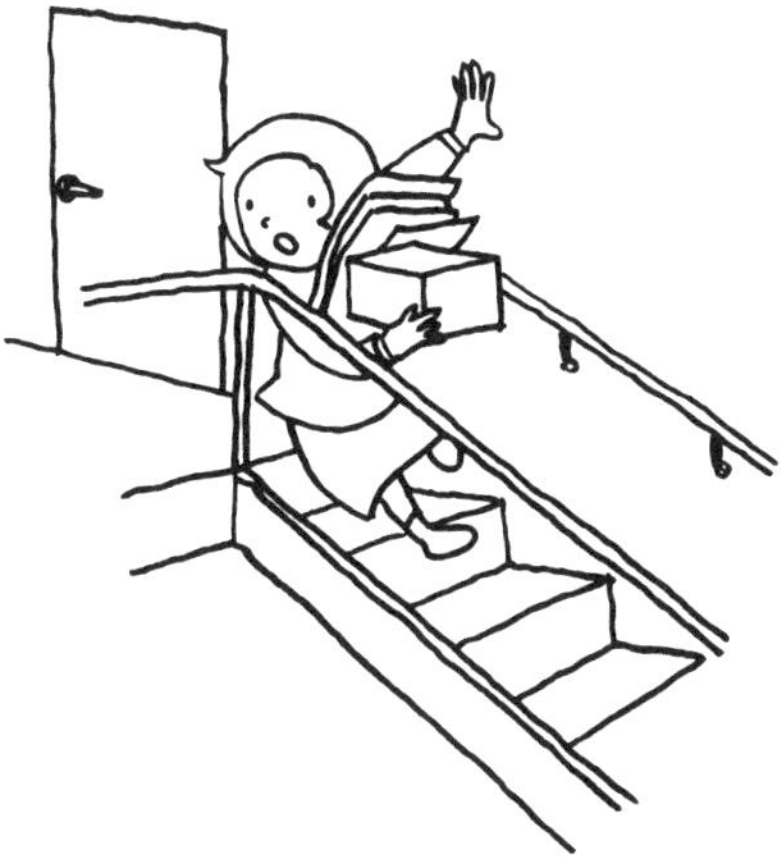

6　未来生活に向けたいろいろなステージ

戸建て住宅と集合住宅ではどちらがいいと思いますか？

住宅を購入するのと賃貸住宅で暮らすのはどちらがお得だと思いますか？

これらの問いは事実をいくつ集めても一般的な解答は得られないという特徴があります。つまり、個人的見解を表明することはできますが、正しいといえる答えを求めるのは無理ですよということです。

人生はいろいろなステージがあります。学生時代、恋愛初期、恋愛末期、結婚、出産、子どもの成長、引越し、親の老化、自分自身の老化…あなたの今の立ち位置はどこでしょうか？

目に見える変化には心の変化も伴います。

自分の立ち位置は変わらなくても、「向き」を変えることで人生は大きく変わります。

あまりに大事なことなのでもう一度いいます。いいですか。

立ち位置は同じでも、方向を見据えてあるいは変えて前向きに進めば別の地点にたどり着くのです。

学生が考えるインテリアと子育て真っ最中では、安全・健康に対する配慮が全く違いますし、社会的背景や置かれた状況を無視するわけにはいきません。少し先を見据えつつ今を充実させる、まわりの状況に目配りしつつ足下を時々点検する。そうして歳を重ねていくことになります。

ですから、住まいは戸建てがいいのか集合住宅がいいのかといった問いや、住宅は購入するのと賃貸ではどちらが得かといった質問に正解はなく、たいていの場合、その人にとって置かれた状況のなかで価値のあった方を選択した結果ということになります。状況とは家族の状況だけでなく、景気動向や経済状況、社会的なサポートシステム、生活の見通し、不動産物件のタイミングなどです。

未来生活を見据えて、ここでは中高層住宅（三〜七階を想定）のメリットとデメリットを考えてみましょう。

学生にグループワークで検討してもらったところ、実に多彩な意見が出ました。それぞれを一〇項目にまとめてみました。

技術の進歩や、なんとなく誰かがやってくれる社会では、自分では何もできない「受け身体質」になるリスクがあります。
プロジェクトを通して自活能力を鍛え、未来を切り開いていきましょう。

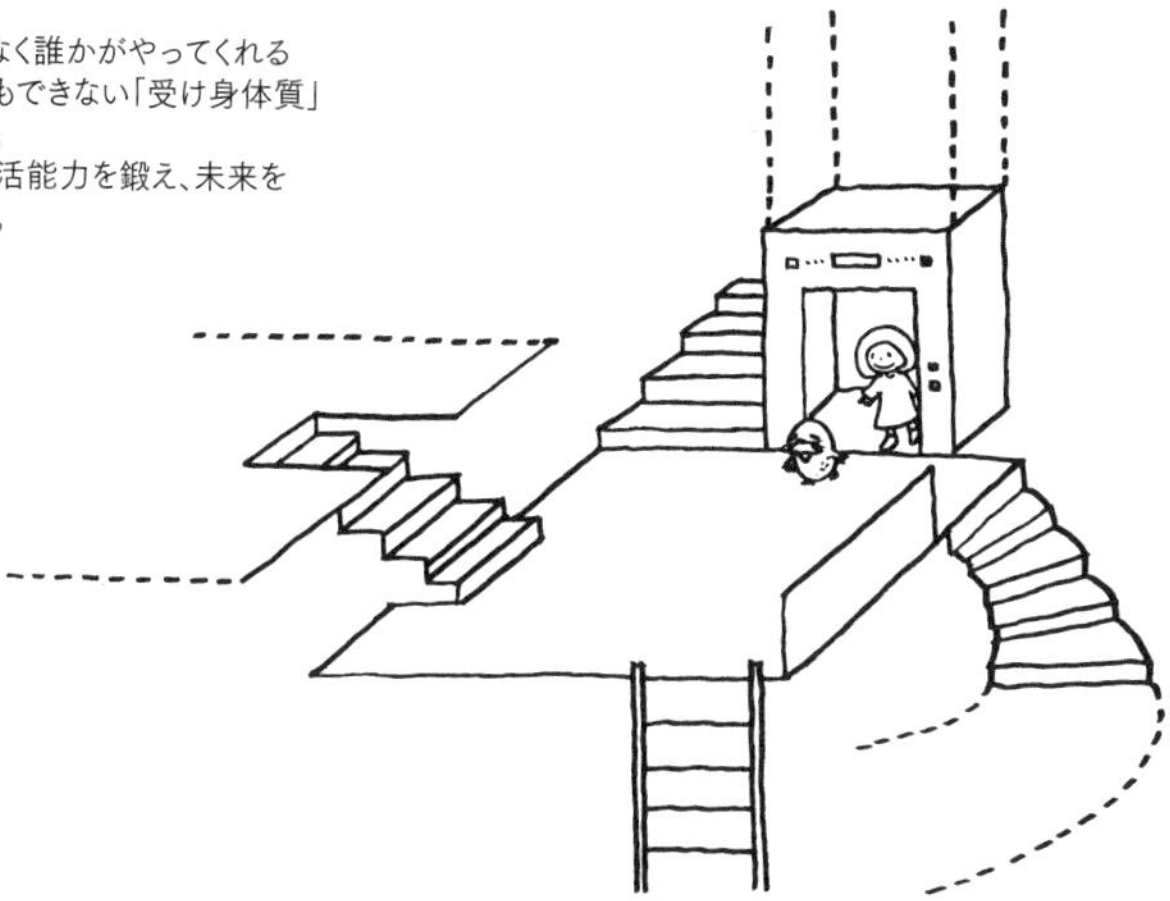

〈中高層住宅のメリット〉

1. 一般に立地がよい。眺望に恵まれるケースもある。
2. 管理やセキュリティ面が行き届いている。
3. 最小限のコミュニケーションで入手や入居が可能、住み替えも手軽。
4. オープンスペースや共有の庭、集会所を持つことができる。
5. 集会所の利用などで近隣の人々との社会生活が楽しめる。
6. 一住戸あたりの敷地面積が少なくてすみ、人口の高密度化、土地の高度利用化が可能。
7. ビルディングエレメント(壁・床・天井・階段)の共有化で高品質の建築が可能。雷対策や構造耐力にも安心。給排水、冷暖房などの設備も共同化、集中化できる。
8. 一戸建ての住宅よりも壁面が多いため家具の配置がしやすい。窓が少ない分ウィンドウ・トリートメントが映える。
9. 個室が多い間取りなら部屋ごとにイメージやテーマを変えやすい。
10. 価格が手頃でおしゃれに住むことができる。

〈中高層住宅のデメリット〉

1. 限られた空間でいろいろ工夫しなければならない（部屋が少ない、洗濯物を干すスペースが小さい、駐車スペースが制限される）。
2. 窓が少ない、あるいは窓があまり分散していない、日当たり不良もある。
3. 大胆なリフォームはできない、老朽に伴う再生に対する不安がある。
4. 各住戸が土地から切り離され、庭のない生活となる。
5. 構造体が高価、エレベータも必要となってコストアップとなる。
6. 個人の自由が制限され（ルールがいろいろある、ペットの飼育規制、新聞受けが遠い、階段昇降が大変）、プライバシーも失いやすい。
7. 火災・地震など災害に対する不安がある。犯罪と事件に対する不安もある。
8. マナー違反による小トラブルが発生しやすい（不良入居者、違法駐輪、違法駐車、生活音）、共同体意識が育ちにくい。
9. 周辺住民とのあつれきが起こることもある（日照権、通風、電波障害、眺望）、また人口急増で学校や病院のインフラ設備が追いつかないケースもある。
10. 外に出るのに時間ロスやバリアがある（幼児一人ではエレベータは使えない、高齢者の孤立など）。

あちらをたてればこちらがたたずで、よし悪しが混在していることがわかります。その一方で対策を講ずればデメリットは相当減らすこともできます。

では、集合住宅・マンションはどうしたらいいすまいになるでしょうか?

集まって住むということは、強さともろさの両面を併せ持っています。まずは適切な時期に適切なメンテナンスを施して建物の寿命を延ばすこと。それと並行して、いい空間を維持するには、みんなで住みつづけるという意識をもつことが大切です。コミュニティを構築するには健全な管理も必要となります。みんなで話し合いながら維持管理をしていけば価値が下がりにくくなり、ひとつのブランドに成長することもあります。

立地条件がよく土地にゆとりのある建物であれば、戸数を増やして建て替えることで個人の負担は最低限でより広い住居を手に入れられる可能性がありますので、当然ながら値が張ります。一方、格安中古物件の場合、その建物を壊して土地だけにしたときに買値よりも価値が低いという危険もあります。建物を荒廃するにまかせ買い手の付かないケース、リゾートマンションとしておおかたの住戸が普段は使われていない物件などは要注意です。

違いが少しわかったところで、仕事を軸にした一個人のライフプランも見ておきましょう。

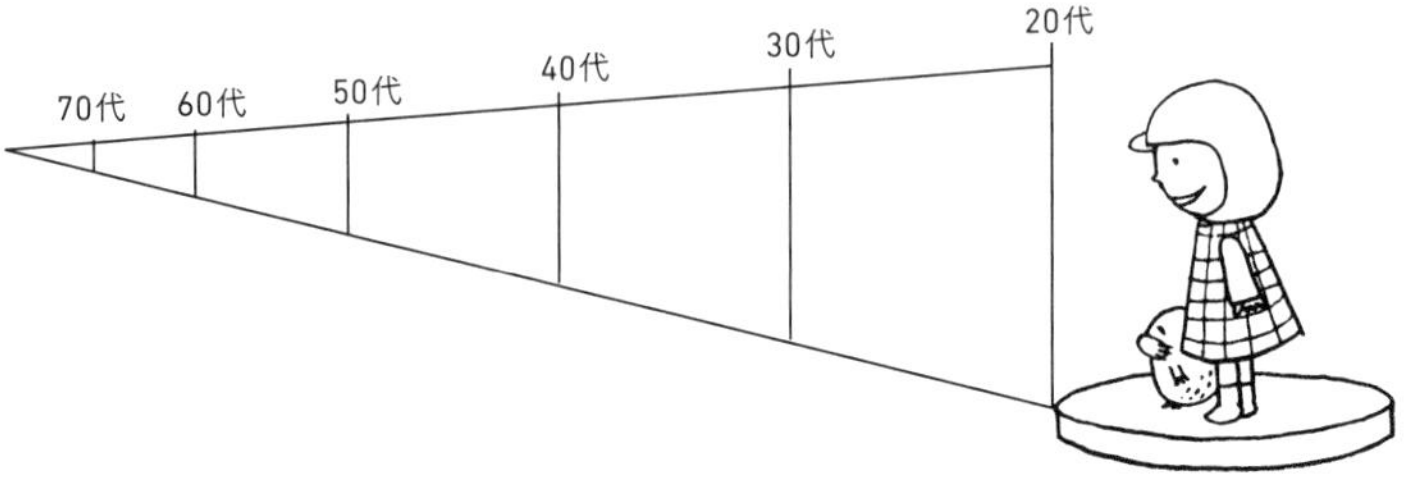

20代	動きやすい独身時代は、仕事に必要な能力の向上やスキルアップに自分時間を投入できるので、人生で最も多くの時間を仕事に費やし、仕事の基礎を修得する期間。
30代	自分の適性が見えてきて、知的好奇心の方向性が定まる。 専門知識を高め、自分の専門性をどう高めるかで将来の不安に対向できる。結婚、出産、マイホームという人生のイベントを視野に入れた生活となる。
40代	これまでの蓄積を生かし、責任ある立場で活躍する。家族と仕事を両立させ、人間関係や仕事を充実させる時期、人生のマネープランもしっかりたてる。
50代	自分スタイルの仕事が確立し、仕事を通して何かを成し遂げる一方、人材育成、社会との関わり、親の介護にエネルギーを注ぐ。
60代	仕事の集大成、ノウハウを継承する。人材育成、社会貢献の一方で住まいのリフォームなどの見直しが生じる。
70代	健康管理(老化:視覚・聴覚・臭覚・味覚・触覚の減退)しつつ、社会貢献・社会参加をする。

一個人のライフプラン(例)

ライフプランは固定したものではなく更新を重ねるものです。
「何もない」ということのないよう、先を見越すためのトレーニング
として書き出してみましょう。

以上、ここまでは架空の世界でした。

それでは、現時点での自分ライフプランを大雑把で構いませんので思い描いてみましょう。

それぞれの段階を自分で思い描き、仕事でも、恋愛でも、結婚でも目標と時間を設定して、やるべきことを洗い出して一歩一歩前進させるのが大人の行動力です。失敗しても修正や改善を重ねてあきらめずに積み重ねて理想に近づけましょう。それと並行して家事を通して段取り力を鍛えることも忘れずに。そうそう、「家事は大人になれば自然にできるようになる」と勘違いしていませんよね。しかるべき時にしかるべきことをしていなければできるようにはなりません。これって、とっても大事なことです。

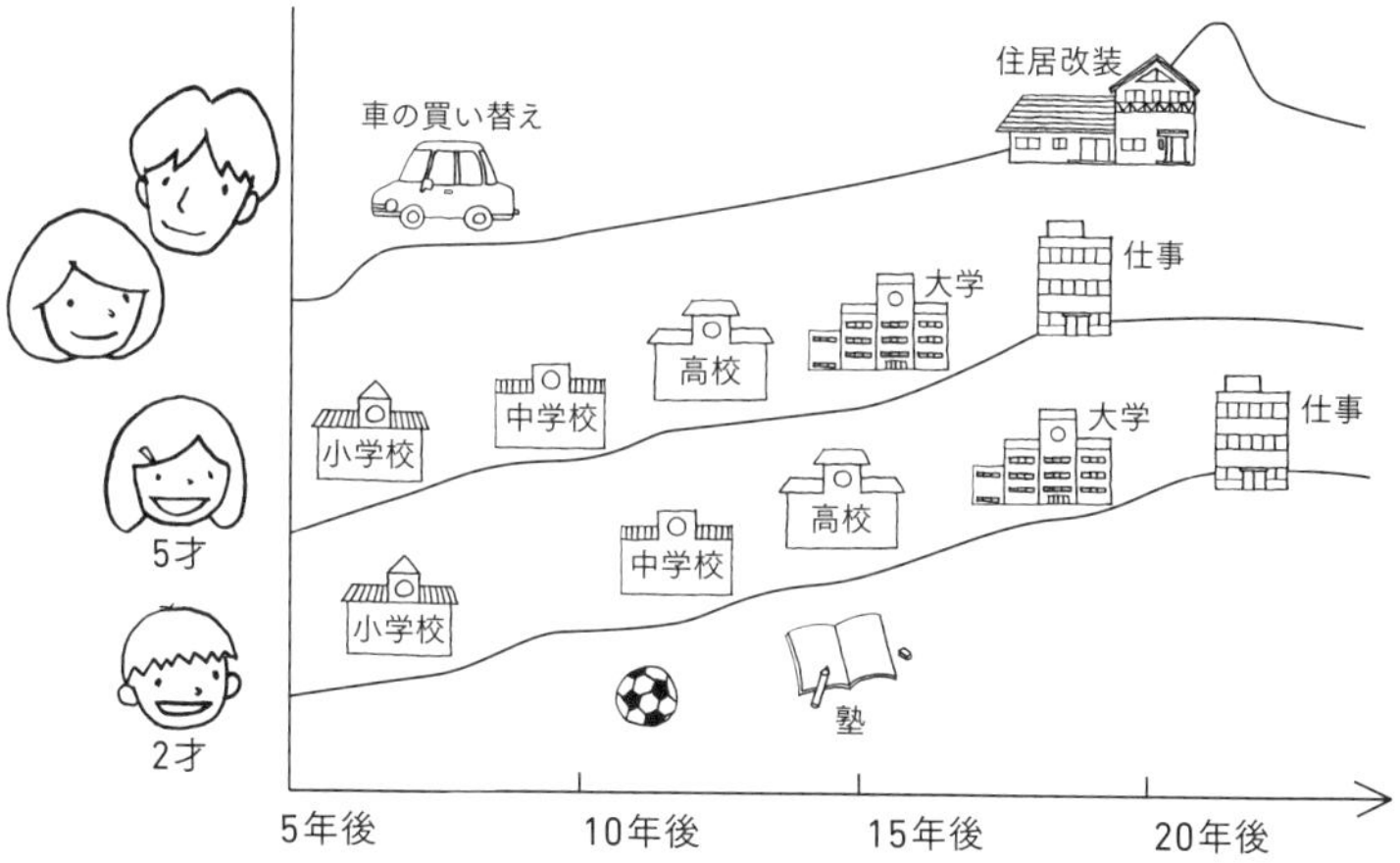

[立ち位置推移のイメージ]

7　暮らしを上手にプロデュース

家事ってどんなことをすることでしょうか？

掃除、洗濯、片付け、料理、家計管理、すまいのメンテナンス……もっとありますね。

どれもが抽象的ですので少し具体的にしてみましょう。

こまめな掃除（部屋・風呂・トイレ・洗面所・玄関・冷蔵庫・クローゼット）、季節の掃除、洗濯（物干し・取り入れ・たたんで収納）、アイロンがけ、衣服の管理、衣替え、クリーニング、布団干し、シーツの交換、行事の飾り付け・片づけ、食材調達・調理、お茶やコーヒーを入れる、食器洗い、ゴミ捨て、買い物、育児、介護、経済管理（出費・収入・貯蓄・家計簿・エコライフの点検・保険・負債）、家電の修理やすまいにおける不具合の補修、庭や植木の手入れ、草取り、害虫駆除など、とにかくたくさんあることがわかります。

これらを要領よくこなすには、「人の手を借りる」か「自分の経験値を上げて賢くこなす」でしょう。深刻な問題や状況によっては、お金を支払って助けてもらったり、家電や機械に任せて効率を上げることも必要です。でも、ひとつひとつ分けてみると、それぞれには小さな節目があって、それを区切ってみると始めと終わりがあるので、どれもがひとつのプロジェクトと考えることができます。まずは自分の実践DOからスタートする「Plan-Do-See」のサイクルで経験値を上げ、習って慣れて習慣にしましょう。できなかったことができるようになり、レベルも上がっていろいろなことができるようになるものです。

ひとり暮らしを始めたばかりの時や社会人一年めなどの状況下では、仕事と家事の両立は難しいでしょう。しかし、ここは考えようで、これをチャンスととらえ、今でなければできない経験は、失敗も含めて決して無駄にはならないものです。積極的にチャレンジすることをおすすめします。

自分の目標を高めたり、その意義に気づいたりして取り組む姿勢を変えて視点や到達点を高める手法にラダー効果があります。

たとえば、建築の職人が少し仕事に慣れ、単調な仕事に嫌気がさしながらも親方の命令に従っている段階だったとしましょう。そこに施主（建築の依頼主）から「何十年も使えるものをつくり出すなんてやりがいのある仕事だね」を言われ、職人は「人に喜ばれる建物をつくっていることは結構すごいことかも」と気づき、仕事へのプライドが出てきて腕を磨きます。そして、仕事に誇りを持って業績・経験を積んでいると、これまで誰もやったことのない難題の仕事が舞い込みます。「この仕事は未来を賭けたプロジェクトであんたでないとできる人はいないから、ぜひ引き受けてくれ」との依頼です。

こうして、新しい取り組みにチャレンジして、後続を導く立場に変化していきます。

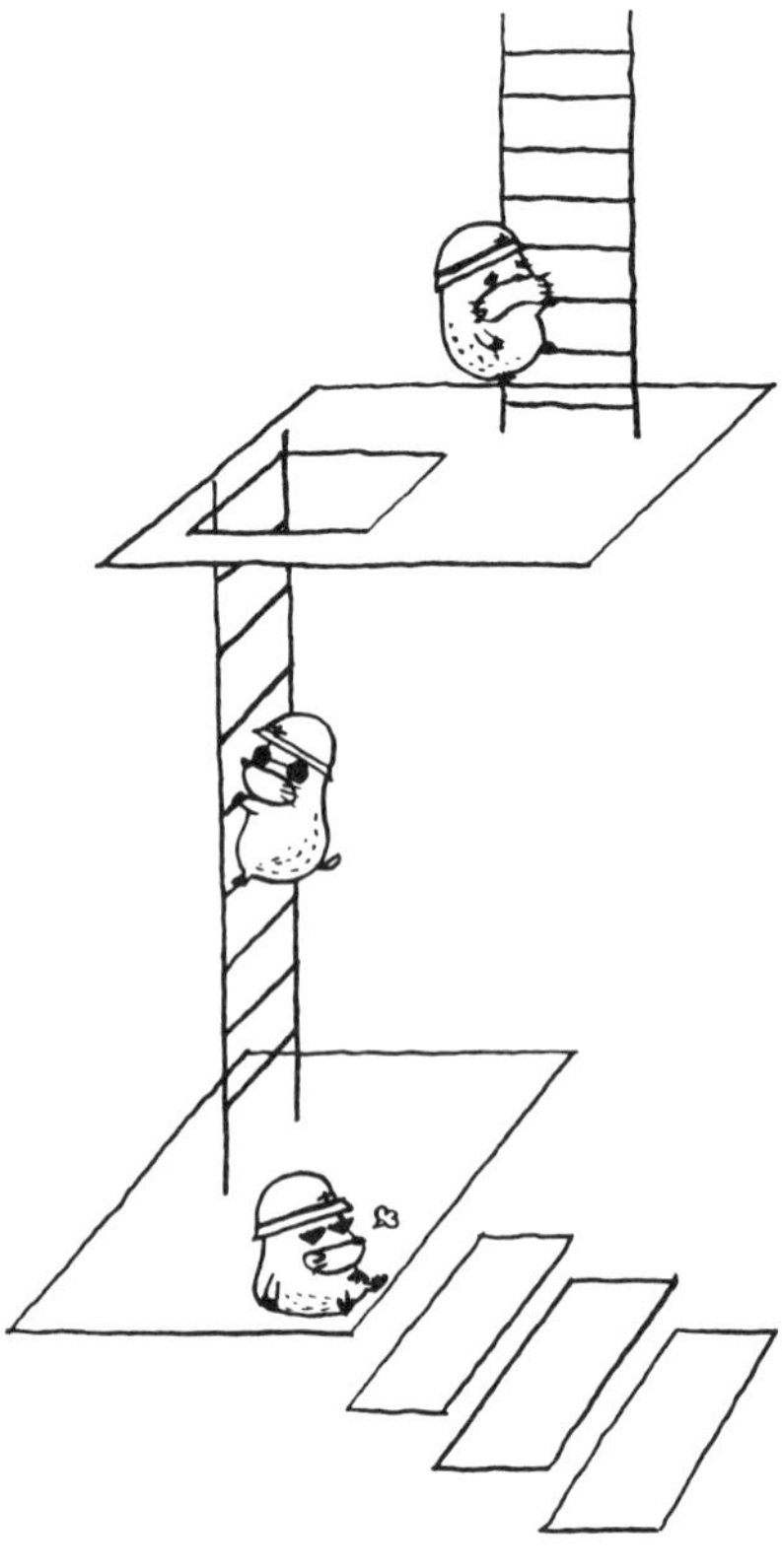

はつらつと深く深く？
いえ、前へ前へ

ラダーとは「はしご」のことで、始めは嫌気でただ働く「労働」の段階から「誇りを持った仕事」の段階、そして未来を見つめた「新しい価値を生み出す段階」へと高みに到達していく例でした。

これに似た行動は私たちの生活のなかにたくさんあります。

高い理想や目的を持って行うのと、やらされ感で渋々取り組んでいるのとでは、アドバイスの仕方・受け取め方も変わり、その成果に大きく影響を与えます。

食事の支度ではどうでしょう。家族の健康を支え楽しい食事を演出するのと、とにかく空腹を満たせばいいのとでは手間のかけ方や思いやりに膨大な差があります。家族の協力やコミュニケーションにも差が出るのは当然です。

実は、私たちの身の回りの仕事はほとんどが地味な仕事の連続です。

目の前の仕事に対する意義をより高い次元でとらえたり気づいたりして、エネルギーをつくり出し、やる気を上げるのがラダー効果です。

「もやもやと意味のない作業に取り組んでいる」と思っていてはモチベーションは上がりません。「やらされ感」だけではモチベーションが下がる一方です。

日々の仕事でやる気が落ちたり、やらされ感で気持ちが萎えてしまった時は、この作業の先には何が待っているのかを再点検し、仕事のやり方に創意工夫を凝らして生き生きとした働き方や質の高い仕事を取り戻しましょう。先を見据えて前進する、全体を見据えて部分を進める、その積み重ねが本当に自分を支えてくれる自信となり、美しく歳を取ることへの足がかりとなるでしょう。

あなたの成長と共にインテリアも姿を変えていくことになります。

このまま前進すれば
いいんだね!
そうですね!

参考文献

・上村清
『暮らしの中のおじゃま虫』
井上書院、一九八六…第一章1

・東京都衛生局生活環境部環境指導課編
『東京の虫図鑑 刺す虫 かむ虫 いやな虫』
東京都情報連絡室発行、一九九一…第一章1

・ハナ・ホームズ、岩坂泰信監修、梶井あゆみ訳
『小さな塵の大きな不思議』
紀伊國屋書店、二〇〇四…第一章1

・近藤繁生＋大野正彦＋酒井雅博
『わが家の虫図鑑』
トンボ出版、二〇一二…第一章1

・早川和男
『安心思想の住まい学』
三五館、一九九五…第一章1

・鈴木康弘
『防災・減災につなげるハザードマップ
の活かし方』
岩波書店、二〇一五…第一章1

・後藤久ほか
『NHK趣味悠々くらしイキイキ！
インテリアコーディネート塾』
日本放送出版協会、二〇〇二…第一章2

・近藤麻理恵
『人生がときめく片づけの魔法』
サンマーク出版、二〇一一…第一章2

・歴史の謎を探る会
『江戸庶民の朝から晩まで』
河出書房新社、二〇〇六…第一章3

・トータルメディア開発研究所
『深川江戸資料館』
江東区深川江戸資料館、一九八七…第一章3

・水上裕＋岩崎敏之＋大橋寿美子＋木村興三
『住まいのミカタ』
学芸出版社、二〇〇九…第一章5

・エリザベス・ブローリイ、浜崎裕子訳
『痴呆性高齢者のためのインテリアデザイン』
彰国社、二〇〇二…第一章8

・結城千代子＋田中幸
『空気は踊る』
太郎次郎社エディタス、二〇一四…第二章1

・荒谷登
『住まいから寒さ・暑さを取り除く』
彰国社、二〇一三…第二章1

・フロレンス・ナイチンゲール、湯槇ますほか訳
『看護覚え書』(改訳第七版)
現代社、二〇一一…第二章1

・大西史恵、村沢謙、寿ファミリーハウス編
『スペースシャトル全飛行記録』
洋泉社、二〇一一…第二章2

・アビゲイル・アリング、マーク・ネルソン、
平田明隆訳
『バイオスフィア実験生活』
講談社、一九九六…第二章2

・的川泰宣
『新しい宇宙のひみつQ&A』
朝日新聞出版、二〇一四…第二章2

II

・山田由紀子
『建築環境工学』
倍風館、一九九七…第二章3

・前真之
『エコハウスのウソ』
日経BP社、二〇一二…第二章3

・江馬一弘
『光とは何か』
宝島社、二〇一四…第二章4

・槙究＋古賀誉章
『基礎からわかる建築環境工学』
彰国社、二〇一四…第二章5

・矢守克也＋吉川肇子＋網代剛
『防災ゲームで学ぶリスク・コミュニケーション』
ナカニシヤ出版、二〇〇五…第三章3

・鎌田浩毅
『せまりくる「天災」とどう向きあうか』
ミネルヴァ書房、二〇一五…第三章3

・土屋賢二
『あたらしい哲学入門』
文藝春秋、二〇一一…第三章6

・小笹芳央
『変化を生み出すモチベーション・マネジメント』
PHP研究所、二〇一一…第三章7

おわりに

そろそろ「おしまい」です。

おしまいは「仕舞う」「入れ納める」でもありますが、ちょっと待ってください。

そうです、この本をしばらくディスプレイして（飾って）いただきたいのです。

この本のコンセプトは、インテリアって「ほんとうに面白い」「ほんとうに役立つ」にあります。それも一度ではなく何度も感じ取ってほしい……、さらにはインテリアをうまく活用する生活習慣が身につき、未来への備え・基盤がしっかりした人生となることを願っています。

もう少しのあいだおつきあいいただけることを期待して、ブックスタンドを付録として用意しました。簡単に組み立てられるのでお試しください。お役に立てば幸いです。

また、パラパラ漫画「Ｉがある」は、インテリアのＩ、目の付けどころのアイ、自分への愛、あいだ（間）のＩ……その時々の気の持ちようで小さな刺激となれば嬉しいです。

本書は、伊藤公文さんとの再会をきっかけに生まれました。出版にあたっては相川幸二さんと編集の渡辺奈美さん、そしてイラストを引き受けてくれたさとうみほこさんの多大な協力によるものです。心から感謝いたします。

最後に、職業柄日々女性に囲まれ、こうして女性向けの本を書く夫を嫌がりもせず受け容れてくれる寛容な妻にも「ありがとう」。

二〇一七年二月

水上 裕

著者略歴

水上 裕　みずがみ・ゆたか

湘北短期大学 生活プロデュース学科 教授

京都工芸繊維大学 工芸科学研究科 博士前期課程修了

アサカ設計事務所、雨宮設計事務所、石井和紘建築研究所を経て現職

URL：http://www.shohoku.ac.jp/WebDir/mizugami/

今日《きょう》もいんてりあがぁる
インテリア・ガール

二〇一七年二月二五日第一刷発行

著者　水上《みずがみ》 裕《ゆたか》
絵　さとうみほこ
発行者　坪内文生
発行所　鹿島出版会
〒一〇四―〇〇二八
東京都中央区八重洲二―五―一四
電話　〇三―六二〇二―五二〇〇
振替　〇〇一六〇―二―一八〇八八三

印刷・製本　壮光舎印刷
装丁　鈴木直子（中野デザイン事務所）
DTP　ホリエテクニカル

ISBN 978-4-306-04646-7 C2076

本書の内容に関するご意見・ご感想は左記までお寄せ下さい。
URL: http://www.kajima-publishing.co.jp/
e-mail: info@kajima-publishing.co.jp

KYŌMO INTERIAGA ARU INTERIOR GIRL

Interior Girl

by MIZUGAMI YUTAKA

今日もいんてりあがぁる
インテリア・ガール